Die Queen

Eine Biografie in Bildern

Friedemann Bedürftig

Die Queen

Eine Biografie in Bildern

KOMET

Autor: Friedemann Bedürftig
Produktion: Indianapolis Books, Köln
www.indianapolis-books.de
Alle Abbildungen: © picture-alliance/dpa
Gesamtherstellung: KOMET Verlag GmbH, Köln

ISBN 978-3-86941-014-2
www.komet-verlag.de

Inhalt

Gefühl der Zusammengehörigkeit

Gold, Rot, Weiß, Blau, Silber, ein Meer von Farben und Fahnen, flatternd im steifen Nordwestwind – so präsentierte sich London an seinem Ehrentag, dem 2. Juni 1953. Hunderttausende von Menschen aus nah und fern hatten dem kalten Wind und den grauen, nassen Wolken zum Trotz die Nacht im Freien verbracht, in improvisierten Zelten, auf Luftmatratzen oder Zeitungsstapeln, auf Parkbänken oder mitgebrachten Hockern, in Regenmäntel gewickelt oder unter Schirmen sitzend, damit ihnen keinesfalls der Augenblick entginge, wenn ihre schöne, junge Königin durch ihre Hauptstadt zur Krönungsmesse führe.

Mit Anbruch der Morgendämmerung schwoll die Menge entlang der Strecke vom Palast nach Westminster Abbey weiter an. U-Bahnen und Busse spuckten unentwegt Rudel von Zuschauern aus, die aus den Vororten und Außenbezirken ins Herz der Stadt strömten. Schon vor acht Uhr in der Früh waren anderthalb Millionen Menschen auf den Beinen. Unbeeindruckt von Regenschauern und Kälte vertrieben sich die Wartenden mit Singen, Tanzen und Probejubeln die Zeit bis zur Durchfahrt des Krönungszuges.

Mit dem ersten Glockenschlag um Punkt acht Uhr stieg die Spannung sprunghaft. Ein Schub der Erregung pflanzte sich längs der Route, die der königliche Wagen nehmen sollte, wie eine Welle fort. Vor dem weiß und rot dekorierten Eingang der gotischen Abteikirche begann der Aufmarsch der Vertreter des britischen Hochadels in ihren scharlachfarbenen Roben mit breiten Schärpen und Hermelinumhängen, die Orden auf Hochglanz poliert. Diplomaten, Mitglieder anderer Herrscherhäuser und hochrangi-

Der große Moment am 2. Juni 1953: Hoch hebt der Erzbischof von Canterbury die zweieinhalb Kilo schwere Sankt-Eduards-Krone (St. Edward's Crown), ehe er die vor ihm sitzende Elisabeth als zweite ihres Namens in der britischen Herrscherliste damit krönt. Zwei Bischöfe stehen der Königin zur Seite.

Diese Seite oben: Seit Königin Viktoria 1837 hier Wohnung genommen hat, ist der Buckingham Palast Residenz der Monarchen in der englischen Hauptstadt. 1703 für den Herzog von Buckingham erbaut, ging das mächtige Gebäude 1762 in den Besitz König Georgs III. über, der auch die Prunkkutsche (rechte Seite) in Auftrag gegeben hatte, und wurde mehrmals erweitert.

Diese Seite unten: Im Schritttempo bewegt sich am 15. Februar 1952 der Trauerzug mit dem Leichnam Georgs VI. durch Londons Straßen von Westminster nach Paddington Station. Von dort geht es weiter nach Windsor, wo der König am Folgetag in der St. George's Chapel beigesetzt wird. In der Kutsche sitzt seine Witwe mit den Töchtern Elisabeth und Margaret; dem Sarg folgen zu Fuß die Herzöge von Kent, Windsor, Gloucester und Edinburgh.

Rechte Seite: Überreich geschmückt mit Figuren und Ornamenten ist die goldene Kutsche aus dem 18. Jahrhundert, mit der Elisabeth II. und ihr Mann Herzog Philip von Edinburgh zur Krönungskirche in Westminster rollen.

ge Vertreter ausländischer Regierungen aus allen Kontinenten und aus West wie Ost gesellten sich dazu; die seit 1945 fortgeschrittene Teilung der Welt in zwei feindliche Lager schien einen Festtag lang außer Kraft gesetzt zu sein.

Für noch mehr Farbe sorgten die Repräsentanten der exotischen Länder des Commonwealth: malaiische Sultane in gelben und grünen Seidengewändern, arabische Scheichs mit mächtigen Turbanen, imposante indische Maharadschas, bunt geschmückte Medizinmänner und Häuptlinge afrikanischer und ozeanischer Stämme. Dagegen wirkten die diversen Ministerpräsidenten der Dominions von Australien über Indien bis Kanada, angeführt vom britischen Regierungschef Winston Churchill, wie triste schwarz-weiße Pianisten, denen – eine weitere Farborgie – afrikanische Lanzenreiter, rote kanadische berittene Polizei, neuseeländische Kavalleristen mit breiten Hüten und britische Gardekürassiere folgten. Großbritannien präsentierte sich prächtig und stolz vor aller Welt.

Und dann endlich kam der Kern des Zuges, die golden und silbern aufgeputzten mehrspännigen Kutschen des Londoner Oberbürgermeisters, des Unterhaussprechers und der königlichen Familie. Als der Wagen der Königinmutter, neben der Prinzessin Margret, die Schwester Elisabeths II., saß, vorüberfuhr, schwieg für einen Moment der Jubel. Die Gedanken der Menschen wanderten zurück zu jenem traurigen Tag im Februar des Vorjahres, der diesem freudigen hatte vorangehen müssen:

Mit 56 Jahren war König Georg VI. in der Nacht vom 5. auf den 6. Februar 1952 gestorben und der Thron verwaist. Seine Tochter und Nachfolgerin Elisabeth hatte sich mit ihrem Mann Prinz Philip auf einer Weltreise befunden. In einem Baumhotel in Kenia, wo sie wilde Tiere an einer Wasserstelle beobachtet hatten, hatte sie die Trauerbotschaft erreicht. Die erst vor einer guten

Woche begonnene Reise hatte abrupt abgebrochen werden müssen. Als Prinzessin war Elisabeth in ihren Urlaub aufgebrochen, als trauernde, in Schwarz gekleidete Königin hatte sie wieder britischen Boden betreten, in den am 16.2.1952 die sterblichen Überreste ihres Vaters zur letzten Ruhe gebettet werden sollten. Auch damals waren Gäste aus aller Herren Länder nach London gefahren, und auch damals hatten Soldaten die schwarzverhängte Lafette gegrüßt. Die Mündungen ihrer Gewehre aber hatten zur Erde gezeigt, und dumpf und getragen hatte ihrer Trommeln Schlag getönt.

Fast anderthalb Jahre waren seitdem vergangen. Zum einen hatte man die Trauerzeit einzuhalten gehabt, zum anderen zogen sich die aufwendigen Vorbereitungen auf die Krönung relativ lange hin, galt es doch, sozusagen alle Welt einzuladen, unterzubringen und zu beteiligen. Nun aber funkelten die Helme, schmetterten die Fanfaren, der Marschtritt der Kolonnen klang entschlossen und die Marschierenden sahen aus, als zögen sie unter einem Regenbogen hindurch: blaue, grüne, rote Uniformen wechselten sich ab, Helmbüsche wehten, Standarten wogten über der Marschsäule. Die Männer kamen aus Trinidad und Nordborneo, Zypern und Hongkong, Rhodesien und Mauritius, Birma und Singapur – das ruhmreiche Empire paradierte.

Gewiss, hinter dem britischen Empire steht keine Macht mehr, die sich in Divisionen, Bombengeschwadern oder Kernwaffen ausdrücken lässt. Dennoch wird spürbar, dass hier eine lange, lebendige Tradition marschiert und ein Gefühl enger Zusammengehörigkeit der Commonwealth-Familie

Diese Seite und rechte Seite oben: Nach der Zeremonie durchschreitet die frisch gekrönte Königin das Mittelschiff der Abteikirche von Westminster (oben), begleitet von Bischöfen und Hofleuten. Die Zuschauer, britische Adlige sowie Staatsoberhäupter, Diplomaten und Politiker aus aller Welt, bewundern die natürliche Würde, mit der Elisabeth Krone und Krönungsornat trägt. Vor der Kirche winkt sie an der Seite ihres ordensgeschmückten Mannes den Menschen zu (rechte Seite).

besteht. Der energisch-beschwingte Rhythmus und die fast sportliche Gelöstheit der Marschblöcke lässt Gedanken an Drill oder Kaserne nicht aufkommen. Und auch Schauerböen können das Bild nicht stören und die Menschen nicht vertreiben.

Und dann – nach Stunden des Vorbeimarschs – kommt sie selbst, die Königin in einer vor zwei Jahrhunderten vom Vorgänger Georg III. in Auftrag gegebenen, von acht Grauschimmeln gezogenen Kutsche, die mit goldenen Ornamenten und fantasievollen Reliefs verziert ist. Königliche Kutscher und Leibgardisten begleiten den Wagen, aus dem eine junge Frau, eine Märchenprinzessin winkt, neben ihr der Ehemann Prinz Philip in der dunkelblauen Gala-Uniform eines Admirals der Royal Navy. Elisabeths Robe aus weißem Satin ist bestickt mit den Wappenpflanzen der Commonwealth-Staaten, darunter Lotos für Ceylon, Akazie für Australien, Jute für Pakistan, und natürlich auch mit Großbritanniens Wappenpflanzen selbst: englische Rose, schottische Diestel, irischer Klee und walisischer Lauch.

Gegen elf Uhr erreicht die Karosse Westminster Abbey. Durch den Mittelgang schreitet das allerhöchste Paar des Landes auf die Thronsessel zu, wo der Erzbischof von Canterbury zur Krönung und Salbung bereitsteht. Über 7000 Menschen drängen sich im Gotteshaus, Millionen warten an den Straßen, und vor den Fernsehern in aller Welt beobachten noch weit mehr Zuschauer die Zeremonie. Nach langen Beratungen mit ihrem Premierminister hat die Königin Kameras in der Kirche erlaubt und damit das Startzeichen gegeben für eine Medien-Monarchie, die der Krone in den kommenden Jahrzehnten zusätzliche

Diese Seite unten: Von ganz oben kommt ihr Gruß zur Krönung: Sherpa Tensing (links) und Edmund Hillary haben am 29. Mai 1953 als erste Menschen den Mount Everest, den höchsten Berg der Erde, bezwungen und diesen Erfolg ihrer Königin zugeeignet. Sie verleiht ihnen wenig später Orden und erhebt Hillary, den Anführer des Gipfel-Duos, in den Adelsstand. Das Bild zeigt die beiden nach Übergabe der Auszeichnungen.

Strahlkraft verleihen wird. Zugleich entsteht ein Film, der in den Kinos zahlreicher Länder gezeigt werden wird; Fernsehgeräte sind ja noch ein recht wenig verbreiteter Luxus.

Und als um 12.33 Uhr die Glocken einsetzen und Salut geschossen wird, da wissen auch die vor der Kirche, an den windigen Straßen Wartenden: Jetzt setzt der Erzbischof von Canterbury ihr die schwere Krone aus massivem Gold auf, reicht ihr zwei Szepter, salbt sie mit einem Öl, das Rosen-, Ambra-, Orangenblüten-, Jasmin- und Moschusduft verströmt, und nimmt sie im Namen Gottes in die Verantwortung als Herrscherin. Durch die Straßen läuft der noch ein wenig ungewohnte Ruf: „God Save the Queen!“

Wenig später öffnet sich erneut das Portal von Westminster Abbey. Der Krönungszug kehrt zurück zum Palast, wo sich die königliche Familie auf dem Balkon dem Volk zeigt. Die junge Monarchin lächelt und winkt. Doch es ist ein ernstes Lächeln des Dankes und des Bewusstseins ihrer schweren Aufgabe. Und auch der Jubel der Menschen hat etwas Gedämpftes, klingt nach tiefer Bewegung und nach Hoffnung, dass unter Elisabeth, der zweiten dieses Namens auf dem britischen Thron, die Erinnerung an die schweren Zeiten des Krieges bald verblassen möge, der auch ihr Land an den Rand der Erschöpfung geführt hat. Jeder weiß, dass die fast zerbrechlich wirkende Frau im Grunde keine Macht ausüben kann. Und doch verspricht man sich von ihr mehr als von den gewählten Politikern. Sie kommen und gehen, die Krone aber bleibt.

Dass die Krone eine unverminderte Bindekraft besitzt, wird durch zwei passende Anekdoten deutlich: An Londons großem Tag registrierten die Sicherheitsbehörden einen deutlichen Rückgang der Straftaten in der Hauptstadt. Sonst sind solche Feste geradezu Hoch-Zeiten für Taschendiebe und Einbrecher. Und da sie ja nicht alle vor lauter Zuschauen daran gehindert worden sind, ihrem „Gewerbe“ nachzugehen, fühlten auch sie sich vielleicht vom Glanz der Krönung einen Moment lang bei der Ehre gepackt, wie verkümmert sie auch immer sein mochte?

Pünktlich zu den Feierlichkeiten erreichte zudem eine sensationelle Meldung die britische Metropole: Drei Tage zuvor hatten der neuseeländische Imker und Bergsteiger Edmund Hillary und der nepalesische Sherpa Tensing Norgay als erste den höchsten Gipfel der Erde, den 8848 Meter hohen Mount Everest, bezwungen. Sie widmeten ihren Erfolg ausdrücklich der Königin, ihrer Königin, zum Krönungsfest. Elisabeth II. dankte umgehend, indem sie Hillary als Sir Edmund in den Adelsstand erhob und Tensing mit einem Orden auszeichnete.

Das offizielle Farbfoto des königlichen Paares nach der Krönung.

Die Sohnarmut Heinrichs VIII. (oben) brachte seine Töchter auf den Thron. Als zweite Elisabeth I. (unten), deren politisches Geschick die Vorurteile gegen eine weibliche Thronfolge verstummen ließ.

Weibliche Thronfolge

Frauen waren bis in moderne Zeiten erbrechtlich benachteiligt. In der Thronfolge galt das allerdings oft nicht so strikt. Starb ein Herrscher, konnte seine Witwe zur Regentin aufsteigen. Gewöhnlich kam das jedoch nur in Betracht, wenn ein männlicher Nachfolger zwar vorhanden, aber noch nicht volljährig war. Fehlte ein solcher direkter Erbe, wich man eher auf Seitenlinien der Dynastie aus, oder die Großen eines Reiches verständigten sich auf ein neues Herrscherhaus. Eine Verkettung von Umständen führte im 16. Jahrhundert in England zu einem Präzedenzfall, der weibliche Thronfolge buchstäblich hoffähig machte: Obwohl Heinrich VIII. (König 1509–1547) aus dem Hause Tudor sechsmal verheiratet war, hatte es nur zum kränklichen Sohn Eduard VI. gereicht, der 1547 als Zehnjähriger die Krone erbte und 1553 kinderlos starb. Seine 1516 geborene Halbschwester Maria folgte ihm, starb aber ihrerseits schon 1558, sodass die 1533 zur Welt gekommene Halbschwester Elisabeth zum Zuge kam. Natürlich sollte das nur eine Übergangslösung sein, erwartete doch alle Welt, dass sie sich verheiratete und dann ihr Mann das Ruder übernahm. Virtuos instrumentalisierte sie diese Erwartung, hielt aber alle Bewerber klug auf Distanz und band sich nie. Mit ihrem Sieg über die spanische Invasionsflotte (Armada) 1588 schuf Elisabeth I. die Basis für den Aufstieg Englands zur Weltmacht. Das absurde Vorurteil vom weiblichen Unvermögen zur Herrschaft hätte nicht glänzender widerlegt werden können.

Nicht an der Wiege gesungen

Gut, der Mann war Herzog und nach seinem Bruder Eduard sogar zweiter in der britischen Thronfolge. Doch so richtig funkte es nicht gleich zwischen der resoluten schottischen Adligen Elisabeth Bowes-Lyon aus der Familie der Grafen von Strathmore und dem schüchternen und sprachgestörten Albert von York. Der junge Mann musste sich gegen erhebliche Konkurrenz durchsetzen und seinen Antrag mehrfach wiederholen, ehe sich seine Herzdame 1923 endlich zu ihm bekennen mochte. Dann aber fanden beide sehr bald die idealen Rollen in der Beziehung: Die Ehefrau, stets ausgesucht vornehm-elegant gekleidet, trug nicht nur Hut, sondern behütete auch ihren scheuen Mann. Und der zurückhaltende Prinz Albert konnte sich an ihr aufrichten, wenn er bei offiziellen Anlässen aus Angst vor dem Versagen zu versagen drohte.

Drei Jahre später, am 21. April 1926, wurde aus dem inzwischen eingespielten Duo durch die Geburt der Tochter Elisabeth ein Trio, das sich weitere vier Jahre darauf durch Margaret Rose zu einem glücklichen Quartett erweiterte. Zwar rangierte Elisabeth bei ihrer Geburt nach dem Vater an dritter Stelle der Thronfolge, doch die Chance, dass sie zum Zuge kommen würde, war denkbar gering; an der Wiege gesungen war es ihr jedenfalls nicht. Zum einen war ihre Mutter mit 25 Jahren noch so jung, dass weitere, wohl auch männliche Geschwister wahrscheinlich schienen, zum anderen hatte sich der Thronfolger Eduard noch nicht einmal verheiratet. Auch hier schien es nur eine Frage der Zeit, bis die kleine Lilibet, wie sie von allen in der Familie genannt wurde, weiter in den Hintergrund der Thronfolge treten würde.

Da heißt er noch Albert, ist Herzog von York und frisch vermählt mit Elisabeth Bowes-Lyon: der spätere König Georg VI. mit der späteren Queen Mum im Jahr 1923.

Wenn Eduard Kinder in die Welt setzen würde, wäre auch ihr Vater dem Thron ferner gerückt, worauf er inständig hoffte, konnte er an sich doch keinerlei Talent zum Repräsentieren entdecken. Er ging ganz in seiner Rolle als Mann der zweiten Reihe und als Familienvater auf, verbrachte so viel Zeit wie irgend möglich daheim und spielte mit den Kindern. Vor allem zur ernsten und interessierten Ältesten entwickelte sich ein inniges Verhältnis. Margaret ihrerseits schloss sich eng an die Schwester an, die sie beschützte und recht ungehalten werden konnte, wenn die impulsive Kleine ermahnt oder gar bestraft wurde. Die Gouvernanten, darunter Marion Crawford, genannt „Crawfie", die 1950 ein Buch über ihre Zeit mit den kleinen Prinzessinnen in den 1930er-Jahren veröffentlichte, hatten schon früh Respekt vor Elisabeth. Der spätere Premierminister Churchill erlebte das Kind erstmals als noch sehr kleines Mädchen und stellte fest: „Eine richtige Persönlichkeit! Für ein Kleinkind erstaunlich selbstbewusst und nachdenklich."

Die Erzieher und die wenigen Lehrer, die ins Haus kamen, hatten es mit der Heranwachsenden freilich auch nicht sonderlich schwer. Zu penibler Ordnung musste Elisabeth nicht angehalten werden. Das besorgte sie schon in ganz jungen Jahren selbst. Das Lernpensum war zudem relativ beschränkt, rechnete doch niemand mit einer späteren wichtigen Rolle Elisabeths. Zeichnen, Musik, Tanzen und ein bisschen Sport, insbesondere Schwimmen, sollten im Grunde genügen. Das fand die Betroffene selbst allerdings nicht, und sie war dankbar, dass ihre Großmutter Maria, Frau König Georgs V., das ähnlich einschätzte. Sie sorgte dafür, dass Fächer wie Geografie – immerhin waren britische Besitzungen über alle Welt verteilt – und klassische Literatur in den Unterrichtsplan aufgenommen wurden. Außerdem kümmerte sich die Oma darum, dass die Prinzessinnen Ausstellungen und Museen rege besuchten.

Zeit zum Spielen blieb ihnen dennoch in reichem Maße. Vom Kontakt mit Gleichaltrigen weitgehend abgeschnitten, entwickelten die Schwestern einen Hang zu Tieren. Da waren die Corgis der Mutter, walisische Hütehunde, die Elisabeth das ganze Leben lang begleiten sollten. Und da waren die Pferde. Schon als Vierjährige bekam Elisabeth von König Georg V., den sie „Grandpa England" nannte, ein Shetland-Pony mit Namen „Peggy" geschenkt, ein geduldiges Pferdchen, auf dem sie später auch die kleine Schwester sitzen ließ und das sie dann am Zügel herumführte. Reiten wurde zu einer Leidenschaft des Mädchens, das sich ein ganzes Gestüt an Pferdefiguren zusammenstellte.

Viele Wochenenden in den schönen Jahreszeiten verbrachte die Familie auch draußen in Windsor Castle am Ufer der Themse vor den westlichen Toren Londons. Dort hatten Handwerker im Park ein auf Kindergröße geschrumpftes, reetgedecktes, zweistöckiges, voll eingerichtetes weißes Landhaus erbaut, ein Geburtstagsgeschenk der Waliser Bevölkerung für Elisabeth im Jahr 1933. Man wollte den Prinzessinnen damit das arbeitsreiche Landleben näher bringen. Das gelang sehr gut, denn die beiden kochten und backten darin begeistert, reparierten manches selbst, pflegten den Garten um das Haus und putzten die Stuben mit Hingabe. Zur Erholung unternahmen sie Ausritte, anfangs auf nur vorgestellten „Luftpferden", später auf Ponys, oder sie spannten sich abwechselnd vor einen Wagen, in dem die andere saß, und spielten Kutsche.

Diese Seite: Das 25. Jahr seiner Amtszeit wird sein letztes: Georg V. mit Frau Maria und den Enkelinnen Elisabeth und Margaret anlässlich der silbernen Jubiläumsfeierlichkeiten auf dem Balkon des Buckingham Palastes am 12. Mai 1935. Vor allem die winkenden Mädchen entzücken das Publikum.

Linke Seite: Für Tiere hat schon die kleine Elisabeth eine Schwäche: Bei einem Zoobesuch scheut sich die gerade Vierjährige nicht, den haarigen Schimpansen anzufassen.

Überhaupt gestaltete sich die Kindheit von Elisabeth und Margaret recht idyllisch. „Crawfie" schrieb in ihrem Buch: „Mir kommt es vor, als hätten wir seinerzeit in einem elfenbeinernen Turm gelebt, weit weg von der wirklichen Welt. Beim Erinnern überkommt mich häufig das Gefühl, als sei dort immer Frühling gewesen." Daran änderte auch nichts, dass die Eltern im Dienst der Krone oft verreisen mussten. Im Grunde meistens nur der Vater, doch ohne die Begleitung seiner Frau fühlte er sich unsicher. Und so fuhr sie fast immer mit, und die Kinder zogen in der Zeit zu König und Königin, den Großeltern, die ihre beiden Enkelinnen verwöhnten und sich an ihrer Munterkeit erfreuten.

Einer der Kindheitshöhepunkte wurde denn auch das silberne Thronjubiläum des Königspaars im Jahr 1935. Dieser 6. Mai begann mit einem

Diese Seite: Ein Bild aus dem Schicksalsjahr 1936. Nicht gerade Begeisterung spricht aus Haltung und Blick von König Georg VI., der vom Bruder Eduard VIII. die Krone übernehmen und fortan das tun muss, was ihm besonders schwerfällt: posieren und gute Miene zu allerlei urgeliebten Auftritten machen.

Rechte Seite : Zu Besuch beim scheinbar harmlosen Diktator: Ex-König Eduard VIII., nunmehr Herzog von Windsor, macht mit Frau Wallis am 23. Oktober 1937 Hitler in München die Aufwartung. Nach später aufgetauchten Dokumenten sucht Eduard angeblich dessen Nähe und Unterstützung für eine ins Werk zu setzende Rückkehr auf den Thron. Um was für einen gefährlichen Verbündeten er da wirbt, wird ihm wenig später mit Entsetzen aufgehen.

Dankgottesdienst in der riesigen barocken Kuppel-Kathedrale St. Paul's. Wo die königliche Kutsche durchfuhr, brandete Jubel auf, und der öffentlichkeitsscheue spitzbärtige Georg V. staunte in typisch britischem Understatement: „Hatte ja keine Ahnung, dass sie mich so gern mögen." Er verkannte natürlich nicht, dass er viel von der Begeisterung des Publikums den beiden Töchtern seines Sohnes Albert verdankte, die ihn begleiteten und sich nach den offiziellen Feierlichkeiten mit ihm und seiner Frau auf dem Balkon des Palastes zeigten. Von Elisabeth waren aus Zuschauer-Perspektive nur Hut, Hand und Gesichtchen zu erkennen, von der erst fünfjährigen Margaret ragten nur Haar und weißes Winkehändchen über die Brüstung. Herzig.

Dieser Höhe- war aber zugleich fast schon der Schlusspunkt der Kindheit von Prinzessin Elisabeth, denn das Jahr 1936 hatte es in sich. Es sollte ein Dreikönigsjahr werden. Am 20. Januar erlag König Georg V., ein extrem starker Raucher, seinem Lungenleiden. Sein ältester Sohn Eduard trat als achter dieses Namens die Nachfolge an. Das war zunächst in keiner Weise strittig, obwohl der Vater schon früh wegen der amourösen Eskapaden des Thronfolgers prophezeit hatte: „Wenn ich tot bin, wird sich der Junge binnen zwölf Monaten ruinieren." Eine Liebschaft war es dann auch, die in den kommenden Monaten zur einer immer stärkeren Belastung für den noch ungekrönten König selbst, für die Regierung und für das Verhältnis Großbritanniens zu den im Commonwealth of Nations zusammengeschlossenen Ländern wurde:

Bei einer früheren Geliebten hatte Eduard Anfang der 1930er-Jahre die geschiedene amerikanische Bürgerliche Wallis Simpson kennen und lieben gelernt. „Lieben" war wohl ein noch zu schwacher Ausdruck für die beinahe obsessive Zuneigung Eduards zu der Frau, die nun die

Scheidung von ihrem zweiten Mann betrieb, damit sie den König würde heiraten können. Die beiden spürten nicht oder wollten nicht spüren, dass sich die öffentliche Meinung immer stärker gegen sie wandte. Für die einen war es eine Horrorvorstellung, eine Amerikanerin zur Königin zu bekommen, andere munkelten angewidert über eine wie auch immer beschaffene sexuelle Hörigkeit des Königs. Und wieder andere wussten, dass die Simpson ungeachtet der königlichen Liebschaft weitere Verhältnisse, darunter eines mit einem Londoner Kfz-Mechaniker und Autoverkäufer, unterhielt.

Bei freundlicherer Aufnahme der Liaison hätten findige Juristen gewiss einen Dreh gefunden, der dem König beides, Liebe und Thron, hätte sichern können. So aber rückten die Bedenken mehr und mehr in den Vordergrund. Vor allem kritisierten die Politiker, dass Simpson geschieden war und es nicht einmal sicher war, dass die in den USA erfolgte erste Scheidung nach britischem Recht Bestand haben würde. Die Frau wäre demnach möglicherweise schon während der zweiten Ehe nach englischen Maßstäben eine Bigamistin gewesen, also eine Straftäterin, die ein König schon aus rechtlichen Gründen nie und nimmer würde ehelichen dürfen. Und aus moralischen Gründen ebenso wenig, denn Eduard war Oberhaupt (Supreme Governor) der britischen Kirche, die eine Wiederverheiratung von Menschen, deren geschiedene Partner noch am Leben waren, für Sünde hielt. Simpson hatte bald sogar zwei davon.

Die Verbindung bot politischen Gegnern Eduards VIII. zudem die willkommene Chance, den unbequemen Mann loszuwerden. Er hatte gezeigt, dass er sich keineswegs mit einer bloß passiv-neutralen Rolle des konstitutionellen Monarchen begnügen wollte. Zudem stand er im Ruf unangebrachter Sympathien für das faschistische Italien und das nationalsozialistische Deutschland; seine Geliebte wurde sogar verdächtigt, sie spioniere für die Nazis und habe eine Affäre mit Joachim von Ribbentrop, dem deutschen Botschafter in London. Die US-Bundespolizei FBI wollte sogar wissen, dass dieser Hitler-Vertraute ihr regelmäßig mehr oder weniger üppige Blumengebinde schickte, je nach dem wie oft sie sich ihm hingegeben habe. Die Gerüchteküche brodelte jedenfalls.

In der Familie des Bruders Albert wurde die Entwicklung mit großer Sorge beobachtet, und selbst die zehnjährige Elisabeth dürfte davon nicht völlig unberührt geblieben sein. Spätestens als im Dezember 1936 klar wurde, dass Eduard um der Liebe willen auf die Krone verzichten würde, musste sie sich an den Gedanken gewöhnen, dass sie zur Thronfolgerin aufrücken könnte. Davor war aber noch ihr Vater, der sich allerdings sträubte, an die Stelle des Bruders zu treten.

„Das ist ja entsetzlich“, soll Albert gestöhnt haben. „Ich habe mir die Krone nie gewünscht und bin völlig unvorbereitet. Ich bin nur ein Marineoffizier, und die Marine ist das einzige, wovon ich etwas verstehe.“ Schließlich aber gelang es seinem Vetter und ehemaligen Mitkadetten von der Marineschule in Dartmouth, Louis Mountbatten, ihn mit dem Verweis auf den Vater umzustimmen. Auch Georg V. sei durch den unerwarteten Tod des älteren Bruders 1892 Thronanwärter geworden und konnte ebenfalls nur eine Marinekarriere vorweisen. Gerade das aber sei die beste Voraussetzung für einen englischen Monarchen, denn schließlich laute die Aufforderung im Refrain der inoffiziellen Hymne des Vereinigten Königreichs: „Rule Britannia! Britannia, rule the waves! – Herrsche, Britannia! Britannia, herrsche über die Meere!“

Schweren Herzens zwar, aber in aller Demut, ließ sich Albert in die Pflicht nehmen und wurde als Georg VI. König. Georg war nicht nur einer seiner vielen Vornamen, sondern zugleich der verehrte Name des Vaters und sogar des Vorvorgängers. Der für Eduard vorgesehene Krönungstag am 12. Mai 1937 sollte nun für ihn gelten: „Gleicher Tag, neuer König.“ Zuvor allerdings hieß es für ihn und seine Familie vom lieb gewordenen Heim in Piccadilly 145 Abschied zu nehmen und in den gewaltigen Buckingham Palast umzuziehen. Dort waren die Prinzessinnen zwar oft bei den Großeltern zu Besuch gewesen, doch die Unruhe in dem weitläufigen Haus durch ständig neue Besucher, eine große Zahl von Dienstboten und unzählige Gaffer vor den Gittern des Geländes bedeuteten eine nicht unerhebliche Umstellung.

Sollte sich Elisabeth davor geängstigt haben, dass sie dereinst selbst Königin werden würde, so ließ sie sich das nicht anmerken. Die kleine Schwester nahm es schwerer: „Dass Papa nun König ist, heißt das, dass du die nächste Königin werden musst?“, soll sie Elisabeth gefragt und diese soll entspannt geantwortet haben: „Ja, eines Tages.“ Darauf Margaret: „Du armes Ding!“

Das fand die Kronprinzessin allerdings selbst immer weniger. Zunächst einmal kam die Krönung des Vaters, und die erlebte sie ausgesprochen freudig. Es hat sich ein Manuskript erhalten mit Eindrücken der gerade elf Jahre alt gewordenen Tochter, die sie am Tag nach dem Krönungsgottesdienst und den Feierlichkeiten für die Eltern niederschrieb. Darin finden sich schwärmerische Bemerkungen wie: „Ich fand alles ganz, ganz wundervoll!“ Oder: „Auch die Musik war so herrlich!“ Die Begeisterung der Menschen,

Rechte Seite: Gekröntes Quartett: König Georg VI. mit Familie im Mai 1937. Nur die elfjährige Elisabeth lässt die Andeutung eines Lächelns erkennen.

Diese Seite: Vom für Elisabeth schicksalhaften Besuch der königlichen Familie Ende Juli 1939 in der Marineschule von Dartmouth ist ein Foto überliefert, das ihren späteren Ehemann, den damals 18-jährigen Kadetten Philip zeigt (rechts oben mit Mütze, direkt hinter König Georg VI., der mit seiner Frau über die Brüstung schaut).

Rechte Seite: Das Königspaar besichtigt im September 1941 die Schäden, die eine deutsche Bombe am Buckingham Palast angerichtet hat. Mag man deutscherseits gehofft haben, ein solcher Treffer könne die Engländer demoralisieren, so zeigt sich in der Folgezeit eher eine Stärkung des Widerstandswillens.

die an den Straßen den Krönungszug begrüßten und dem neuen Herrscher zujubelten, gefiel der Halbwüchsigen ebenfalls ausnehmend. Dennoch war das Zeremoniell für sie so anstrengend, dass der kleinen Lilibet am Ende die Beine wehtaten. An diesem Abend, notierte sie, sei sie beim Zubettgehen schon während des Zudeckens eingeschlafen und erst am nächsten Morgen kurz vor acht Uhr wieder erwacht.

Dann folgten die Jahre, in denen es ihrem Vater gelang, das von der Affäre seines Bruders beschädigte Ansehen der Krone wieder zu heben. Gerade seine gehemmte, ernste Art gewann ihm die Herzen der Briten, die sich in ihrem Staatsoberhaupt wiedererkannten und ihn auch wegen seiner Bescheidenheit bewunderten. Während seines Dienstes auf den Kriegsschiffen der königlichen Marine – als Zwanzigjähriger hatte er Ende Mai 1916 an der Skagerrakschlacht gegen die deutsche Hochseeflotte teilgenommen – hatte er zudem ein Gespür dafür entwickelt, wie seine Landsleute dachten, und verstand es, die Menschen wie von gleich zu gleich anzusprechen.

Hinzu kam sein vorbildliches Familienleben, die Herzlichkeit der Königin und die Beliebtheit seiner hübschen Töchter. Für sie, insbesondere natürlich für Elisabeth, ging mit dem Aufrücken des Vaters die Kinderzeit zu Ende. Die bisher wenig ernstgenommene Ausbildung der Kronprinzessin erhielt höhere Priorität. Latein, Französisch und Verfassungsgeschichte standen nun zusätzlich auf dem Stundenplan. Sie war gehalten, Zeitung zu lesen und sich mit dem politischen Geschehen der Zeit auseinanderzusetzen. Immer häufiger hatte sie an Banketten und Empfängen teilzunehmen und sich in Konversation zu üben.

Die Eltern erkannten aber, dass einer übertriebenen Frühreife vorgebeugt werden müsse, und suchten nach Wegen, sie in Kontakt zu Gleichaltrigen zu bringen. Es wurde beschlossen, eine Mädchengruppe der Pfadfinder im Palast zu gründen; teilnehmen sollten außer den beiden Königskindern Töchter von Verwandten und Hofbeamten. Natürlich war auch das ein recht abgeschlossener Hochadelskreis, doch die Prinzessinnen kamen so mit bisher nicht gekannten Abenteuern in Berührung, nahmen an Fahrten teil, sangen mit den anderen am Lagerfeuer und erfuhren, welche Fragen die Mädchen beschäftigten. Leiterin der Gruppe war Patricia Mountbatten, Tochter jenes Mannes, der Elisabeths Vater davon überzeugt hatte, dass er die Pflicht habe, seinem Land als König zu dienen.

Auch als König hielt Georg VI. die Verbindung zum Vetter und verabredete sich im Juli 1939 mit ihm in der Marineschule von Dartmouth an der Südküste von Devon. Auf der königlichen Jacht „Victoria und Albert III" reiste Georg VI. mit Familie an, inspizierte huldvoll die Schule und sah sich vorbereitete Wettkämpfe der Kadetten an. Einer von ihnen, ein 18-jähriger griechischer Prinz namens Philippos und Neffe Mountbattens, imponierte der Tochter Elisabeth ganz außerordentlich. Besonders seine männliche Lässigkeit und kleine Aufschneidereien faszinierten die wohlerzogene Prinzessin. Der schlanke, hochgewachsene, blonde, sportliche junge Mann freilich nahm seinerseits wenig Notiz von dem 13-jährigen Mädchen, das sich in ihn verguckt hatte.

Zu weiteren Begegnungen konnte es nicht kommen, denn nur acht Wochen nach dem Besuch brach der Krieg aus, und Philip, wie er sich im Englischen schrieb, musste einrücken. Und auch für die königliche Familie änderte sich vieles. Hitlers Armeen hatten Polen angegriffen. London stand zu seinen Bündnisverpflichtungen, forderte ultimativ den Abzug der deutschen Truppen und erklärte nach Ablauf der Frist dem Deutschen Reich den Krieg; Frankreich schloss sich dem an. Es gab Einberufungen, Luftschutzübungen, die Wirtschaft wurde auf Kriegsproduktion umgestellt, doch zu Kampfhandlungen kam es zunächst nicht, weil die Deutschen im Osten gebunden und die Westmächte noch nicht kriegsbereit waren. Den Untergang Polens vermochten sie nicht zu verhindern.

Elisabeth und Margaret zogen sicherheitshalber nach Windsor, wo sie vor etwaigen deutschen Luftangriffen so gut wie sicher waren. Forderungen aus Politik und Öffentlichkeit, man solle sie wie manche Kinder anderer hochgestellter Familien ins ungefährdete Kanada verbringen, beschied die Königin so: „Die Prinzessinnen können das Land nicht ohne mich verlassen, ich könnte nie ohne den König gehen, und der König wird natürlich niemals fortgehen."

Diese Seite oben: Trösten und Mut machen möchten König und Königin den Menschen im Londoner Eastend, das 1940/41 besonders häufig Ziel deutscher Nachtangriffe auf die britische Hauptstadt ist.

Diese Seite unten: Rund 1200 Menschen kommen ums Leben, als es britischen Bombern nach fünf Fehlversuchen am 16./17. Mai 1943 gelingt, die Staumauern der Möhne- und Edertalsperre durch sogenannte Rotationsbomben zu zerstören. Georg VI. besucht die erfolgreiche Staffel der Royal Airforce unter Oberstleutnant (Wing Commander) Gibson (zur Rechten des Königs), den er mit der höchsten britischen Kriegsauszeichnung, dem Victoria-Kreuz, dekoriert.

Rechte Seite: Königlichen Zuspruch kann er brauchen: Kriegspremier Churchill beim Verabschieden des Königspaars nach einem gemeinsamen Essen am 28. Oktober 1941 vor seinem Amtssitz in Downing Street No. 10. Noch ist keine amerikanische Unterstützung für Großbritanniens Kampf gegen Hitlers Wehrmacht in Sicht.

Diese Seite oben: Nur im Umfeld der königlichen Landsitze – hier bei Schloss Sandringham – dürfen die Prinzessinnen Elisabeth (mit Pferd) und Margaret (rechts) in der Kriegszeit den Leuten beim Einbringen der Ernte helfen. Foto aus dem August 1943.

Diese Seite unten: Mit gelegentlichen Ausfahrten in der Kutsche durch den Park von Schloss Windsor, wo sie während des Kriegs leben, vertreiben sich Elisabeth und ihre kleinere Schwester Margaret die Zeit. Die Eltern sehen sie gewöhnlich nur an den Wochenenden.

Rechte Seite: Mutter am Zügel, Vater und Töchter am Fahrradlenker. Kleine Ausflüge mit den Eltern sind für die Mädchen in den Kriegsjahren ein rares Vergnügen.

Ernst wurde es erst im Frühjahr 1940, als die deutsche Wehrmacht Dänemark und Norwegen besetzte, die Benelux-Länder überrollte und in einem Sechs-Wochen-Feldzug Frankreich schlug; die britischen Expeditionstruppen auf dem Kontinent entkamen unter Verlust aller Waffen nur mit knapper Not dem Kessel von Dünkirchen. Churchill aber, seit Beginn des Westfeldzugs am 10. Mai 1940 neuer britischer Regierungschef, ging auf Hitlers Friedensofferten nicht ein, sondern verordnete seinem Volk einsames Weiterkämpfen gegen einen schier übermächtigen Gegner. Der König stärkte ihm dabei den Rücken und erklärte nach Frankreichs Katastrophe kaltblütig: „Persönlich bin ich jetzt glücklicher, weil wir keine Verbündeten mehr haben, zu denen wir höflich sein und die wir verwöhnen müssen.“ Typisch britisch-isolationistisch eben.

Hitler, von so viel Überheblichkeit bis aufs Blut gereizt, beschloss, die britischen Inseln aus der Luft sturmreif zu bomben. Die von den Briten mit dem deutschen Wort „Blitz“ bezeichnete Offensive der deutschen Luftwaffe begann am „Adlertag“, dem 13. August 1940, erzielte aber nicht die erhoffte Wirkung. Im Gegenteil: Während in der Luftschlacht um England abgeschossene britischen

Besatzungen sich oft mit dem Fallschirm retten konnten und erneut gegen den Feind aufstiegen, waren die deutschen Piloten und Bombenschützen in solchen Fällen verloren. Die Verluste nahmen dramatische Formen an, und so kam es zum Zielwechsel der Bomber: Sie griffen fortan vor allem bei Nacht an und bevorzugt London oder andere große Städte. Zivilisten kamen zu Tausenden ums Leben.

Um ein Haar wäre auch das königlich Paar den Bomben zum Opfer gefallen, denn in der Morgendämmerung des 13. Septembers 1940 tauchte eine deutsche Maschine über dem Buckingham Palast auf und traf Haus und Hof. Die Königin schrieb darüber am selben Tag an ihre Schwiegermutter: „Wir hörten das typische Sirren der Motoren eines deutschen Flugzeugs ... und dann den Schrei einer Bombe. Es passierte alles so schnell, dass wir nur noch Zeit hatten, uns verwirrt anzuschauen, als der Schrei an uns vorbeiraste und mit einem gewaltigen Krach im Hof explodierte. Ich sah eine große Rauchwolke und Erde, die in die Luft geschleudert wurde. Dann haben wir uns blitzschnell im Flur geduckt. Es gab eine weitere gewaltige Explosion. Es ist erstaunlich, wie gut unsere Reflexe im Augenblick großer Gefahr funktionieren."

Während drei Angestellte des Hofes verwundet worden waren, hatten König und Königin den Angriff unversehrt überstanden. Wie auch an anderen Tagen besuchten sie nach Ende des Luftalarms besonders schwer getroffene Stadtviertel vor allem im Osten mit seinen vielen Industrieanlagen und sprachen den Leuten Trost und Mut zu. Die Königin vertraute einem Soldaten an: „Ich bin beinahe froh, dass auch wir bombardiert worden sind. Nun habe ich das Gefühl, dass ich den Ausgebombten im East End offener ins Gesicht sehen kann."

Die Wochenenden verbrachten König und Königin, sofern irgend möglich, bei ihren Töchtern auf Schloss Windsor. Die Mädchen genossen das Landleben trotz mancher Einschränkungen, machten Ausflüge zu Pferd oder mit den Fahrrädern und spielten im Park. Der Krieg aber erreichte sie auch hier: Da sie für viele Vorbild sein sollten, beteiligten sich die Prinzessinnen durch Sammeln von Buntmetallen, Aufwickeln von Verbandsmaterial und Stricken von warmen Sachen für die Soldaten an den Kriegsanstrengungen des Landes. Elisabeth fand das ziemlich nervend, denn anders als der Schwester ging ihr Talent zum Handarbeiten ab.

Viel lieber entsprach sie der Bitte der BBC, die beim Königshaus angefragt hatte, ob die Kronprinzessin sich nicht über den Rundfunk mit einer Ansprache an die „Kinder des Empire" wenden wolle. Am 13. Oktober 1940 vernahmen die Briten erstmals aus dem Äther die Stimme Elisabeths, die allen Kindern Mut zusprach und denen ihr besonderes Mitgefühl ausdrückte, die wie sie selbst und ihre Schwester von der Familie getrennt waren. So viel durfte sie sagen, ihr Aufenthaltsort aber musste geheim bleiben. Sie schloss ihre Rede mit der bei der seinerzeitigen Kriegslage höchst optimistischen Aufmunterung: „Wir sind alle davon überzeugt, dass am Ende alles wieder gut werden wird. Gott wird für uns sorgen und uns Sieg und Frieden schenken."

Linke Seite oben: Die Prinzessinnen bei einem Rundfunkauftritt in der „Kinderstunde" der BBC. Durch solche Sendungen soll der triste Kriegsalltag ein wenig aufgehellt werden.

Linke Seite unten: Stricken für die Streitkräfte im Garten von Windsor. Während Elisabeth (rechts) sich zum Handarbeiten überwinden muss, hat die Schwester den Bogen raus. Aufnahme aus dem Jahr 1940.

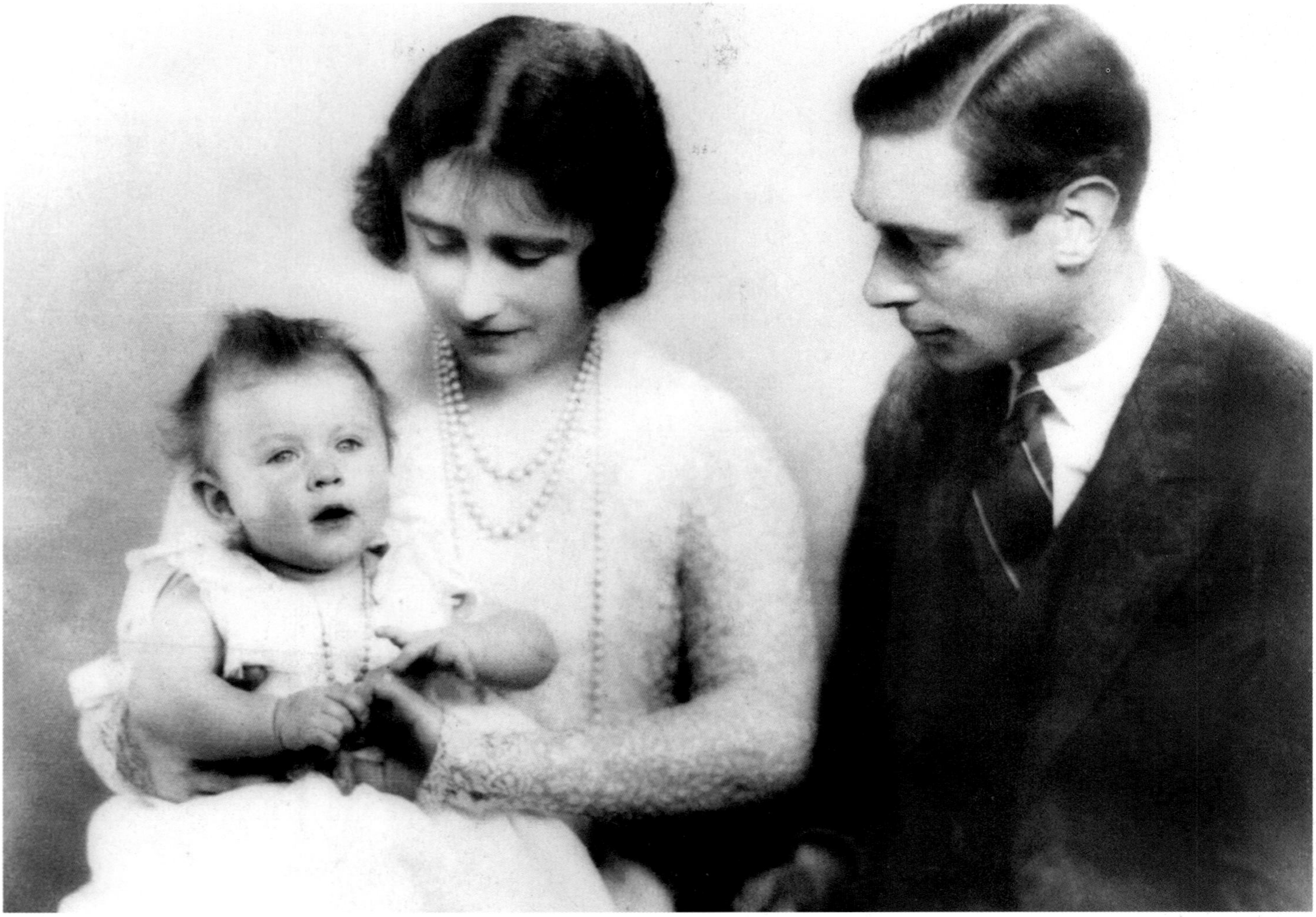

Diese Seite oben: Fingerspielchen mit der Mama. Die einjährige Elisabeth (oben) schaut schon recht lebhaft in die Welt, der Vater mit Wohlgefallen auf sie. Eines der Baby-Bilder, die von der Königin im Jahr 2010 aus Anlass ihres 84. Geburtstags für die Presse freigegeben worden sind.

Linke Seite und diese Seite unten: Herzog und Herzogin von York präsentieren 1926 ihre Tochter Elisabeth im kostbaren Taufkleid und Spitzenhäubchen aus dem seit Generationen genutzten Fundus der königlichen Familie dem Fotografen. Auf dem Bild rechts haben sich die Großeltern König Georg V. und Königin Maria hinzugesellt.

Diese Seite oben: Ein Schwesterchen für Prinzessin Elisabeth. Die 1930 geborene Margaret Rose sieht als Einjährige ihrer Schwester im gleichen Alter verblüffend ähnlich (siehe vorhergehende Seite). Sie hat die Perlenkette der Mutter fest im linken Griff.

Diese Seite unten: Sichtlich stolz blickt Elisabeth von York 1931 in die Kamera. Sie darf bei der Hochzeit einer Tante mütterlicherseits als Blumenmädchen und Schleppenträgerin fungieren.

Rechte Seite: Corgi und Beth. Von der Mutter hat die Prinzessin die lebenslange Vorliebe für die walisischen Hütehunde mit den kurzen Beinen, die als Welpen so niedlich sind. Ausgewachsen ähneln sie eher „Schlummerrollen", wie Bundespräsident von Weizsäcker nach einem Besuch bei der Königin einmal scherzhaft gesagt hat.

Diese Seite oben: Mehr nach dem Vater schlägt Prinzessin Elisabeth (links), während die Schwester Margaret das etwas breitere Gesicht der Mutter geerbt hat. Beide Befunde gelten in gewissem Maß auch für die Temperamente: Elisabeth ernst und gewissenhaft, Margaret umtriebig-freundlich.

Diese Seite unten: Mit Dreirad (links außen) und Schwester (daneben): Nicht ahnend, welche großen Aufgaben auf sie warten, verbringt Prinzessin Elisabeth eine unbeschwerte Kindheit. Allerdings eine etwas einsame, denn außer zu Margaret hat sie kaum Kontakt zu Kindern; und der Kleinen gegenüber übernimmt sie früh die Rolle der Beschützerin.

Rechte Seite: Die ersten Reitstunden erhält Elisabeth vom Vater, dann übernimmt ein professioneller Reitlehrer den Unterricht. Auf ihrem vom königlichen Großvater geschenkten Pony darf 1933 auch die erst zweijährige Schwester Margaret sitzen.

Linke Seite: Strahlend lächelt die Herzogin von York bei der Ankunft mit ihren Töchtern Margaret Rose (Mitte) und Elisabeth zum Royal Tournament 1935 in London, der seinerzeit größten Militärparade (tattoo) der britischen Streitkräfte, so etwas wie ein überdimensionaler Zapfenstreich.

Diese Seite oben: Andächtig und aufmerksam lauscht die zur Thronfolgerin aufgerückte Prinzessin Elisabeth in der Westminster Central Hall am 6. April 1937 einem Krönungskonzert für Kinder.

Diese Seite unten: Nicht nur Corgis gehören zur Hundebegleitung König Georgs VI. (Mitte kniend) und seiner Familie, sondern auch ein Tibetischer Löwenhund (Shih Tzu, auf dem Arm der Königin) sowie mehrere Labradors.

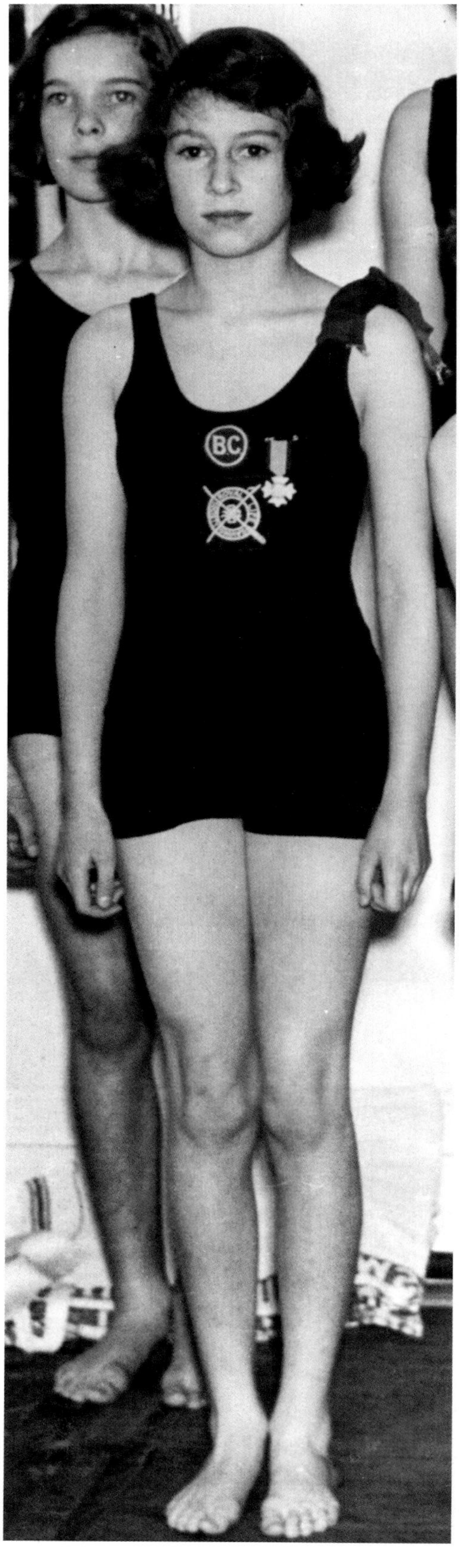

Diese Seite links: Ein hübsches Mädchen und ein sportliches dazu: Kronprinzessin Elisabeth 1939 bei einem Schwimmwettbewerb.

Diese Seite rechts oben und unten: Ein beliebtes Fotomotiv: Die Königin und ihre heranwachsenden anmutigen Töchter (ganz oben, 1940). Der König (Bild darunter) betätigt sich dagegen gern selbst als Schmalfilmer und hält für seine Familie Erinnerungen fest (gemeinsamer Besuch in einem Ferienlager für Jugendliche 1938).

Rechte Seite: Schwesterlich-einträchtig bearbeiten die brünette Elisabeth (links) und die blondere Margaret ihr Klavier vierhändig, zu ihren Füßen der unvermeidliche Corgi (Foto 1939).

Linke Seite und diese Seite oben: Ganz als Dame gibt sich Elisabeth an ihrem 18. Geburtstag 1944 sowohl allein (linke Seite, offizielles Foto) als auch im Kreis der erweiterten Familie: Sitzend von links nach rechts: Großmutter Maria, Vater Georg VI., das Geburtstagskind, Mutter Elisabeth; stehend von links nach rechts: Henry Herzog von Gloucester, seine Frau Alice, Schwester Margaret, Tante Mary Gräfin von Harewood und die angeheiratete Tante Marina Herzogin von Kent sowie Onkel Graf Henry Lascelles von Harewood. Beachtlich sind die mehr oder minder geglückten Hutkreationen.

Diese Seite unten: Kurz vor ihrem Geburtstag 1944 besucht die Kronprinzessin eine Marine-Spezialeinheit (rechtes Bild). Die Soldaten bereiten sich auf eine Landung in Nordfrankreich vor, das von der deutschen Wehrmacht besetzt ist.

Hauch von Engelsflügeln

Dem Prinzen Philip blieb die kleine entfernt verwandte englische Prinzessin Elisabeth nach ihrer ersten Begegnung nur als Kind in Erinnerung. Bei dem Mädchen dagegen zeigte sich die Verliebtheit immerhin so deutlich, dass ihr Vater Georg VI. und auch Philips Onkel Lord Mountbatten aufmerksam wurden. Wer es letztlich war oder ob gar die blutjunge Königstochter selbst die Initiative ergriff – gleichviel: Es kam zu einer kleinen Korrespondenz zwischen dem angehenden Offizier und der Prinzessin während des Kriegs über die großen Distanzen hinweg.

Der Krieg verlangte allerdings Philips ganzen Einsatz. Er nahm im Mittelmeer an der siegreichen Seeschlacht gegen die italienische Flotte bei Kap Matapan an der Südspitze seiner Heimat Griechenland (28.3.1941) teil. Später wurde er nach Fernost zum Kampf gegen Japan versetzt. Zuletzt diente er im Rang eines Oberleutnants der Königlichen Marine als Stellvertreter des Kommandanten eines Zerstörers.

Auch die Kronprinzessin hätte gern vermehrt Aufgaben im Rahmen der Kriegsanstrengungen übernommen. Der Vater jedoch untersagte Tätigkeiten außerhalb von Schloss Windsor, obwohl Elisabeth schon an ihrem 16. Geburtstag zum Ehrenoberst eines Garderegiments ernannt worden war und Truppen „inspizieren" durfte. Ansonsten mussten sie und Margaret sich mit ihren Handarbeits-Dienstleistungen begnügen.

Erst 1944, als Elisabeth 18 geworden war, gab der König nach, sodass sie in den weiblichen Hilfsdienst der britischen Armee eintreten konnte. Sie machte den Führerschein, erwarb Grundkenntnisse als Automechanikerin und steuerte

Gut behütet im doppelten Sinn: die Kronprinzessin und der Offizier. Die Trennung durch den Krieg liegt hinter Elisabeth und ihrem Philip, und auch der Altersunterschied trennt nicht mehr; aus dem Kind von 1939 ist die junge Frau von 1946 geworden.

Lkws und Ambulanzfahrzeuge. Einer Freundin gegenüber äußerte sie sich später über diese Zeit: „Ich habe noch nie in meinem Leben so hart gearbeitet. Ich lernte unaufhörlich Neues: all die seltsamen Innereien eines Wagens und die Details, die man beim Kartenlesen zu beachten hat. Es hat mir aber viel Freude bereitet, und es war eine großartige Erfahrung."

Und dann erfüllte sich nach fünf langen Kriegsjahren doch die Radio-Prophezeiung Elisabeths vom Herbst 1940: Die deutsche Wehrmacht streckte die Waffen und kapitulierte am 8. Mai 1945 bedingungslos. In allen vom Krieg betroffenen Ländern feierte die Bevölkerung auf den Straßen den VE-Day (Victory-in-Europe-Day), wie die Briten das Datum bis heute nennen. Und die beiden Prinzessinnen feierten inkognito mit.

Sie hatten sich mit einigen Beschützern aus dem Palast gestohlen und sich in Soldaten-Khaki unter die jubelnden Menschen gemischt. Niemand erkannte sie, da alle auf den Balkon starrten, wo sich das Königspaar zeigte, und weil niemand es für möglich hielt, dass sich die Königstöchter vor und nicht im Palast befanden. Andächtig wie alle anderen lauschten die beiden den mitreißenden Worten von Premierminister Churchill: „Dies ist euer Sieg. Es ist der Sieg der Freiheit. In unserer langen Geschichte haben wir nie einen großartigeren Tag erlebt als diesen."

Wenigstens die Kronprinzessin hätte man wohl bei etwas größerer Aufmerksamkeit erkannt, denn ihr Bild fand sich immer häufiger in den Zeitungen. Ihr Vater zog sie seit Längerem verstärkt für repräsentative Aufgaben wie Einweihungen

Diese Seite: Hart aber spannend findet die königliche Kfz-Mechanikerin Elisabeth die Schrauberei an Autos. Sie ist glücklich, dass sie mit eigenen Händen die Kriegsanstrengungen ihres Landes unterstützen kann.

Linke Seite: Mächtig-majestätisch ragt die Fassade von Schloss Windsor auf, wo die Königstöchter während der gesamten Kriegszeit gewohnt haben.

Diese Seite: Die Eltern des Bräutigams: Alice von Battenberg (1885–1969) und Prinz Andreas von Griechenland (1882–1944) im Jahr 1905. Die 1903 in der Russischen Kirche im hessischen Darmstadt geschlossene Ehe sollte 1930 scheitern; 1921 war Sohn Philippos auf die Welt gekommen.

Rechte Seite oben: Schloss Balmoral in Schottland, seit dem Umbau durch Prinz Albert von Sachsen-Coburg-Gotha, dem Ehemann von Königin Viktoria, im Jahr 1856 Sommersitz der königlichen Familie. Das aus Granit aufgeführte massige Gebäude ist ihr Pivatbesitz; über 240 Quadratkilometer Ländereien gehören dazu.

Rechte Seite unten: Für einen Dokumentarstreifen über Prinz Philip, den Herzog von Edinburgh, muss der Regisseur Howard Thomas zu Beginn der 1950-er Jahre viele Kilometer Filmmaterial sichten. Darin findet sich auch die nette Szene aus dem Jahr 1946, in der Philip im Türrahmen seiner bekränzten Zukünftigen zulächelt.

oder Begrüßungen heran. Am 30. November 1944 etwa hatte sie das letzte britische Schlachtschiff beim Stapellauf auf den Namen „Vanguard“ getauft. Es war mit 44 500 Tonnen nicht nur das größte je gebaute seiner Art, sondern mit seinen 38,1-Zentimeter-Geschützen in zwei Doppeltürmen, schwerer Panzerung sowie starker Flak-Bewaffnung auch das modernste. Es kam während des Krieges zwar nicht mehr zum Einsatz, nahm aber im März 1947 die königliche Familie an Bord, die nach Südafrika reiste. Der offizielle Teil des Besuchs beim Verbündeten war Ausdruck des Dankes für den energischen Beistand des Landes unter der Regierung von General Smuts im Kampf gegen die Achsenmächte Deutschland, Italien und Japan („Achse Berlin-Rom-Tokio“).

Zudem sollte Elisabeth eine letzte Bedenkzeit vor der Hochzeit mit Prinz Philip bekommen, eben weil es gegen ihn mancherlei Bedenken gab. Sie hatte sich nun einmal den ansehnlichen Seeoffizier Philip in den hübschen Kopf gesetzt und wusste spätestens seit Silvester 1943, dass sie auch ihrerseits einigen Eindruck auf ihn gemacht hatte. Damals war der junge Prinz im Urlaub zu Besuch auf Schloss Windsor gewesen und hatte überrascht festgestellt, dass aus dem kleinen Mädchen eine reizende junge Frau geworden war: Beide hatten allerhand gemeinsam unternommen. Genaueres ist zwar nicht überliefert, doch für eine so zurückhaltende Person wie Elisabeth kann auch Ungenaues recht vielsagend sein. „Wir haben viel gelacht“, wusste sie später schmunzelnd zu berichten.

Die Vorbehalte gegen ihren Auserwählten waren persönlicher wie politischer Natur: Für einige kam er aus allzu „unordentlichen“ Verhältnissen, anderen galt er einfach als „zu deutsch“ – damals ein schwerer Mangel –, und für den

Geschmack der Dünkel-Aristokratie hatte er eine unangenehm ausgeprägte Neigung zu rustikalen Umgangsformen und derben Scherzen. Doch der Reihe nach:

Philippos erblickte als Sohn des Dänen- und Griechenprinzen Andreas aus dem Hause Schleswig-Holstein-Sonderburg-Glücksburg und der Alice von Battenberg, einer deutschen Urenkelin der britischen Königin Viktoria, am 10. Juni 1921 auf der Insel Korfu das Licht einer höchst unruhigen Welt. Der Konflikt zwischen Griechenland und der Türkei im Gefolge des Ersten Weltkriegs hatte eine explosive Situation geschaffen, und um ein Haar wäre der Vater des Jungen vor einem Erschießungskommando gelandet. In letzter Stunde aber schickte Englands König Georg V. einen Emissär samt Kanonenboot, das die Familie nach Monte Carlo in Sicherheit brachte. Dort ergab sich Prinz Andreas der Spielleidenschaft, während die Mutter Alice in eine religiöse Scheinwelt abdriftete.

Philippos verlor die letzten beiden Buchstaben seines griechischen Vornamens und kam zu Verwandten der Mutter nach Deutschland, wo er die Internatsschule Schloss Salem im Bodensee-Gebiet besuchte. Deren Leiter, der jüdische Reformpädagoge Kurt Hahn (1886–1974), floh im Juli 1933 vor den Nazis nach England und gründete eine ähnliche Schule im schottischen Gordonstoun, wohin Philip ihm folgte – nun auf Englisch um einen weiteren Buchstaben seines Vornamens verkürzt. Schon da zeigte es sich, dass der Prinz, dessen Eltern sich 1930 hatten scheiden lassen, eher zum Praktiker als zum Intellektuellen taugte. Er bewies Mut und Schlagfertigkeit und gefiel sich gern als Anführer bei allerhand Streichen. Später bekannte er einmal: „Ich

Diese Seite: Gruppenbild mit künftigem Schwiegersohn und Ehemann: Die königliche Familie und Prinz Philip (zweiter von links) im Oktober 1947 kurz vor der Hochzeit mit Elisabeth. **Rechte Seite:** Das Brautpaar.

bin nichts als ein unkultivierter Polospieler und gehöre zu den ungehobelten Leuten, die nie zur Universität gegangen sind. Geschadet hat es mir, glaube ich, nicht."

Elisabeth empfand Philips Direktheit als Schneid und konnte sich wahrhaft königlich über seine „Ungezogenheiten" amüsieren. So auch nach seiner Rückkehr aus Fernost nach England, als er bei ihrem Vater Georg VI. im Spätsommer 1946 auf dem schottischen Landsitz Balmoral im Kilt um ihre Hand anhielt. Der baumlange junge Mann wedelte dabei mit den Rocksäumen, tänzelte auf den König zu und machte einen eckigen Knicks. Den zurückhaltenden Gastgeber stieß das alberne Getue eher ab, und er geriet neuerlich ins Wanken darüber, ob dieser von vielen beargwöhnte Offizier der Richtige für seine geliebte Tochter und Nachfolgerin sein würde.

Doch die von ihm verordnete Denkpause auf der Afrika-Reise kam zu spät: Elisabeth hatte sich

für Philip entschieden, und auch in der Öffentlichkeit war durchgesickert, dass die beiden ein Paar waren und ein außerordentlich schmuckes dazu. Und Elisabeth war inzwischen zu einer selbstbewussten Frau gereift, die ihre Entscheidungen selbst traf und sich mit tiefem Ernst auf den – wie sie hoffte – noch sehr fernen Tag vorbereitete, an dem sie die Rolle des gekrönten Staatsoberhauptes würde übernehmen müssen.

Das wurde deutlich, als sie sich, vier Tage vor Beginn der Heimreise, an ihrem 21. Geburtstag über den Rundfunk von Kapstadt aus an „alle Völker des Empire" wandte und erklärte, sie werde ihr „ganzes Leben, sei es lang oder sei es kurz, dem Dienst an Ihnen und dem Dienst an unserem Commonwealth" widmen. Dann forderte sie alle Mitbürger auf, sie zu unterstützen, und schloss mit der Bitte: „Möge Gott mir helfen, mein Gelübde zu erfüllen, und möge Gott alle segnen, die bereit sind, es mit mir zu teilen."

Daheim wurde Philip die englische Staatsbürgerschaft verliehen und er nahm den Namen Mountbatten an (anglisierte Form von Battenberg) und stellte damit die Weichen auf Verlobung. Es gab noch mancherlei weitere Formalitäten zu erledigen wie etwa die Aufnahme des Bräutigams in die englische Hochkirche der Anglikaner. Am 8. Juni 1947 gab der Hof die künftige Verbindung „mit größter Freude" bekannt und setzte den Termin für die Hochzeit auf den 20. November fest.

Für Scotland Yard galt höchste Sicherheitsstufe; sogar die Kanalisation entlang der Hochzeitsroute wurde am Tag vor der Zeremonie durchsucht. Und die Liste der Einzuladenden – immer eine heikle Sache – wurde zusätzlich zu einem Problem, da die drei älteren Schwestern des frisch zum Herzog von Edinburgh und Ritter des Hosenbandordens (siehe Kasten S. 57) ernannten Philip allesamt mit deutschen Adligen verheiratet waren und in Deutschland lebten. Schließlich wurde denn auch auf allesamt verzichtet, weil man öffentlichen Unwillen wegen etwaiger Nazi-Verbindungen befürchtete. Dann kam der Tag der Tage:

2300 Menschen, darunter acht Königinnen, fünf Könige, zehn Prinzessinnen, acht Prinzen und über vier Dutzend Mitglieder der königlichen Familie, versammeln sich am 20. November 1947 in Westminster Abbey. Am Arm König Georgs VI. schreitet, nein schwebt seine Tochter Elisabeth

Linke Seite: Die Flitterwöchner Elisabeth und Philip machen Anfang Dezember 1947 einen Spaziergang auf dem Gut Broadlands bei Romsey in Hampshire.

Diese Seite: Fast genau ein Jahr später hält die lächelnde Elisabeth ihren erstgeborenen Sohn Charles auf dem Arm; der ernst befrackte Vater Philip steht in gesammelter Haltung daneben.

durch das Kirchenschiff in einer Wolke aus Seide und Tüll, am Altar erwartet von ihrem Bräutigam Philip und vom Erzbischof von Canterbury, der die Trauung vornimmt. Bei aller Stattlichkeit des Offiziers mit dem Gardemaß hängen doch aller Augen nur an der strahlenden jungen Frau an seiner Seite:

Sie trägt ein Kleid aus elfenbeinfarbenem Duchesse-Atlas, das in klassischen Linien mit eng anliegendem Mieder, langen engen Ärmeln und weit fallendem Rock geschnitten ist. Diesen schmücken Blumenmotive nach dem Vorbild von Botticelli-Gemälden. Das breite, herzförmige Dekolleté ist mit einem Blütenmuster aus Zuchtperlen und Kristallen umstickt; eine viereinhalb Meter lange, weiße Schleppe fällt von den Schultern; der Brautschleier wird von einem Diadem aus Juwelen und Diamanten gehalten, ein perlenbesetzter Gürtel unterstreicht die Taille.

Dann der große Augenblick nach dem vom Bräutigam kräftig gegebenen, von der Braut nur gehauchten Ja-Wort: Philip streift seiner Angetrauten einen Ring aus walisischem Gold über den Finger – ein Hauch wie von Engelsflügeln weht durch das Gotteshaus. Es folgen die Predigt und der Segen. Und nach dem Schlusschoral singen alle die Nationalhymne „God Save the King“. Während als Nachspiel Mendelssohns Hochzeitsmarsch erklingt, nehmen die Brautleute die Glückwünsche der engeren Familienmitglieder entgegen. Schließlich geht es zum Ausgang, wo die Menge das junge Glück mit solchem Jubel empfängt, dass er das Glockengeläut übertönt. Unter den Zurufen der zu Hunderttausenden die Straße säumenden Londoner und London-Besucher rollt dann die golden-gläserne Kutsche mit dem Märchenpaar zum Festbankett im Buckingham Palast.

Dort wartete ein über zwei Meter hoher und fünf Zentner schwerer Hochzeitskuchen, der mit Eskorte heil herangeschafft worden war. Die Brautleute schnitten ihn mit dem blinkenden Degen an, den Philip während der Trauzeremonie getragen hatte. Toasts, Reden und unzählige Glückwünsche begleiteten das bewusst einfach gehaltene Essen. Das Königshaus wollte jeden Anschein von übermäßigem Luxus vermeiden in diesen immer noch schweren Zeiten so kurz nach dem furchtbaren Krieg.

Das wurde auch deutlich bei der Abfahrt des Paares in die Flitterwochen auf das Landgut Broadlands von Onkel Lord Mountbatten in der Nähe von Romsey (Hampshire): Beim Einsteigen in die offene Kutsche überschütteten die Gäste Elisabeth und Philip zum Abschied mit Konfetti; auf den eigentlich vorgesehenen Reis verzichtete man, denn der war streng rationiert. Der Brautstrauß aus weißen Orchideen hatte Elisabeth zurückgelassen und um Ablage am Grabmal des unbekannten Soldaten gebeten.

Knapp eine Woche vor dem ersten Hochzeitstag brachte Elisabeth am 14. November 1948 um 21.14 Uhr den Sohn Charles im Buckingham Palast zur Welt. Erstmals fehlte dabei ein Regierungsvertreter, der sonst immer anwesend gewesen war, damit sichergestellt würde, dass später kein illegitimer Sprössling Anspruch auf den Thron erheben konnte. Elisabeths Vater Georg VI. hatte aber angeordnet, dass die „unwürdige“ Kontrolle künftig zu entfallen habe. Am 15. August 1950 folgte die Schwester Anne, die in Clarence House, dem Londoner Wohnsitz des kronprinzlichen Paars, den ersten Schrei tat. Weiterer Nachwuchs blieb aus; die Familienbildung schien abgeschlossen.

Das heizte schon früh die Spekulationen darüber an, dass der forsche Ehemann es mit der ehelichen Treue vielleicht nicht so genau nahm. Seine blendende Erscheinung und sein nach heutigem Vokabular machohaftes Auftreten hatten schon vor der Ehe für Gemunkel gesorgt. Danach sollte es während des Krieges in Australien die eine oder andere Affäre gegeben haben. Jetzt, da die junge Familie ihre neue Wohnung bezogen hatte, trat an die Spitze ihres Hausstands Fallschirmgeneral Frederick Browning (1896–1965), der mit der berühmten Schriftstellerin Daphne du Maurier (1907–1989) verheiratet war. Ob Philip womöglich mit dieser reifen, erfahrenen, gebildeten Frau ...?

Dieses Gerücht und so mancherlei andere Spekulationen haben sich trotz aller Mühe der Klatschpresse nie belegen lassen. Und das Auftreten des prominenten Paares sprach auch dagegen, denn soviel Harmonie hätten sie gar nicht schauspielern können. Nach einer sehr heimischen Zeit mit der Familie zog es Philip wieder zur Marine. Er erhielt 1949 Kommandos auf Malta, und seine Frau reiste mehrmals zu ihm, während ihre Mutter für den kleinen Charles sorgte.

Elisabeth empfand ihre mittelmeerischen Aufenthalte – auch hier auf einem wunderbaren Anwesen von Philips Onkel Lord Mountbatten – wie weitere Hochzeitsreisen. Sie nahm mit ihrem Mann an Ausflügen, Banketten, Strandvergnügungen und Geselligkeiten des Offizierkorps teil und erholte sich vom Londoner Grau und den heimischen Pflichten. Doch auch hier auf der sonnenverwöhnten Insel wurde sie hin und wieder mit Arbeit bedacht, denn sie sollte sich ja möglichst früh einen Eindruck von den Tätigkeiten verschaffen, die im Ernstfall auf sie zukommen würden. Das tat sie gewissenhaft, auch wenn sie besagten Fall natürlich noch in weiter Ferne wähnte; ihr Vater war ja gerade erst ein Mittfünfziger.

Aber er kränkelte viel und war oft sehr erschöpft, weswegen es Mitte 1950 vorbei war mit der mediterranen Freiheit für das herzogliche Paar. Die beiden kehrten heim. Nach der Geburt der Tochter konnte Elisabeth ihren Vater oft entlasten. Zu größeren Auslandsreisen, im Dienst des Landes oft vonnöten, fehlte ihm manchmal die Kraft. So hatte die Tochter mit ihrem Mann schon 1948 einen Besuch beim Verbündeten in Paris gemacht und viel Beifall für ihr Auftreten bekommen. Vor allem das reizende Französisch, mit dem Elisabeth aufwartete, kam in Frankreich gut an.

Linke Seite: Interessiert und lebhaft unterhält sich die schwangere Kronprinzessin Elisabeth auf einem Ball im Luxushotel The Dorchester im vornehmen Londoner Stadtteil Mayfair am Hyde Park im Mai 1948 mit Tischgästen. Ihr Mann Prinz Philip plaudert mit seiner Schwägerin Prinzessin Margaret Rose.

Diese Seite: Noch weitgehend ungestört von schwierigen Amtsgeschäften kann sich Thronfolgerin Elisabeth im Sommer 1951 ihrem Mann und den Kindern Charles und Anne widmen, die sich an den Blumen im Palastgarten zu schaffen macht.

1951 folgte im April ein weniger erfolgreicher, aber lehrreicher Besuch in Rom; die Italiener hatten sich offenbar Exotischeres erwartet und fanden die Engländer zu kühl und Elisabeths Kleidung zu einfallslos. Und auch daheim wurde Kritik laut, denn die Anglikanerin Elisabeth hatte eine

Privataudienz bei Papst Pius XII. wahrgenommen. Sie lernte daraus, dass Repräsentantin ihres Landes zu sein, allerhand Anforderungen an die politische Balance stellt.

Wenig später wurde ein Besuch in Übersee geplant, damit König Georg VI. als Staatsoberhaupt der Dominions, darunter Kanadas, sich für die Lasten bedanken konnte, die das Land im Krieg getragen hatte. Als es im Herbst so weit war, bat der König seine Tochter und Prinz Philip, für ihn zu fahren. Erstmals absolvierten Mitglieder der königlichen Familie einen Transatlantikflug. In Kanada besuchten die beiden alle Provinzen und wurden begeistert gefeiert; dem König selbst hätte nicht mehr Jubel entgegengebracht werden können.

Während der Reise erreichte Elisabeth eine Bitte des Foreign Office (Außenministerium): Der ehemalige Außenminister Lord Halifax und langjährige Botschafter in den USA habe kritisiert, dass der Besuch in Übersee auf Kanada beschränkt werden sollte. Er rate dringend zu einem Abstecher nach Washington; der wichtigste Verbündete könnte sich sonst brüskiert fühlen. So landete am 31. Oktober 1951 das Herzogspaar in der US-Hauptstadt, von der Bevölkerung und Präsident Truman herzlich empfangen. Am Abend gab es in den Räumen der britischen Botschaft ein Bankett für 1500 Gäste. Der aus

Diese Seite: In Trauerkleidung kehrt Elisabeth am 6. Februar 1952 von der abgebrochenen Weltreise zurück. Der Tod ihres Vaters Georg VI. hat sie zur Königin gemacht. Die Spitzen von Regierung und Opposition erwarten sie auf dem Flughafen.

Rechte Seite: In schwarzer Trauerkleidung Mutter (Mitte), Witwe (rechts) und Tochter des verstorbenen Königs Georg VI. während der Beerdigungsfeierlichkeiten am 16. Februar 1952 in Windsor.

einfachen Verhältnissen stammende amerikanische Staatschef saß glückstrahlend im Frack neben seiner schönen hochadligen Besucherin und schwärmte später vor Vertretern der Presse vom Glanz, den Elisabeth und Prinz Philip ausstrahlten: „Als kleiner Junge habe ich im Märchen gern über so manche Prinzessin gelesen; jetzt ist sie da!“

Im November 1951 waren die jungen Eltern wieder daheim in Clarence House. Viel Zeit für die Kinder und zum Ausruhen aber blieb ihnen nicht. Nach Kanada waren die anderen Staaten des Commonwealth dran; eine größere Pause hätte falsch ausgelegt werden können. Eigentlich hätte König Georg VI. diese „Verwandtenbesuche“ machen sollen, doch die Folgen einer Lungenoperation mussten erst auskuriert werden. Am 31. Januar 1952 hoben Elisabeth und Philip daher wieder vom Londoner Flughafen ab. Der König winkte ihnen nach. Es sollte zunächst nach Afrika gehen, dann mit dem Schiff nach Ceylon, Australien und Neuseeland; ein halbes Jahr war dafür eingeplant – es wurde gerade einmal eine Woche.

In den Morgenstunden des 6. Februar wurde bekannt, dass König Georg VI. auf Schloss Sandringham gestorben war. Das auf seinem Landgut Sagana Lodge in Kenia, einem Geschenk der Regierung, weilende kronprinzliche Paar erreichte die Nachricht erst gegen 14 Uhr. Da man einen Schock Elisabeths befürchtete, informierte man zunächst Philip, der seiner Frau schonend beibringen sollte, dass sie urplötzlich Königin geworden sei. Doch schockiert reagierte eher der Prinz. Michael Parker, sein Adjutant, berichtete später: „Er sah aus, als habe man die halbe Welt auf ihm abgeladen.“

Er fasste sich aber rasch wieder, bat Elisabeth zu einem Spaziergang und bereitete sie vorsichtig auf den Schicksalsschlag vor, soweit der so kantig formulierende Mann zu vorsichtigen Wendungen

Jeder Zoll königlich: Elisabeth II. im Jahr 1953 mit einem für Königin Viktoria im 19. Jahrhundert entworfenen, mit Diamanten und Perlen besetzten Diadem und dem blauen Band des Hosenbandordens (Order of the Garter) auf der linken Schulter.

fähig war. Vielleicht aber half gerade seine Unbeholfenheit in dieser Situation. Elisabeth jedenfalls blieb erstaunlich gefasst, rief ihre Leute zusammen und erklärte: „Es tut mir sehr leid, aber wir werden alle heimkehren müssen." Tags darauf verließ sie in Heathrow ganz in Schwarz und sehr allein ihr Flugzeug, begrüßt vom amtierenden Premierminister Churchill, vom gewesenen Regierungs- und jetzigen Oppositionschef Attlee und von Außenminister Sir Anthony Eden, der drei Jahre später Churchill beerben sollte. Prinz Philip folgte in gebührendem Abstand, den er künftig in der Öffentlichkeit gegenüber seiner Frau immer einhalten würde.

Hosenbandorden

Bis ins 14. Jahrhundert zurück reicht die Tradition des exklusivsten britischen Ordens: König Eduard III. hat diesen Hosenbandorden (englisch: Order of the Garter) gestiftet und ihm den französischen (normannischen) Wahlspruch gegeben: „Honi soit qui mal y pense (Verachtet sei, wer Arges dabei denkt).“ Ursprünglich wohl als Verpflichtung der Mitglieder gedacht, Bedrängten zu helfen, wird der Satz auch auf eine Anekdote um den Gründer zurückgeführt: Dieser soll mit seiner Mätresse auf einem Ball getanzt haben, als die Dame ein Strumpfband verlor. Geistesgegenwärtig soll der König das pikante Stück aufgehoben und sich selbst unters linke Knie gebunden und dabei besagten Ausspruch getan haben. Bis heute tragen die männlichen Mitglieder ein solches Band an eben dieser Stelle, die Frauen am linken Oberarm. Sie durften von Anfang an Mitglieder werden, doch war der Orden vom 16. bis 19. Jahrhundert ein reiner Männerverein. Ordensträger sind 24 britischen Mitglieder, die sich um Empire oder Monarch verdient gemacht haben; an der Spitze stehen der König und der Thronfolger (Prince of Wales); in den Orden ehrenhalber aufgenommene Ausländer zählen nicht mit. Seit 1901 werden wieder Frauen aufgenommen. 1947 ernannte König Georg VI. seinen künftigen Schwiegersohn Philip unmittelbar vor der Trauung mit Kronprinzessin Elisabeth zum Ritter des Hosenbandordens.

Als das obere Bild 1948 entstand, war Elisabeth noch Kronprinzessin und erschien wie ihr Mann Philip im vollen Ornat des Hosenbandordens in Windsor, wo alljährlich im April neue Mitglieder in den höchst exklusiven „Club“ aufgenommen werden. 1953 war darunter der damalige Premierminister Churchill (unten), der danach mit Sir Winston anzureden war.

Diese Seite: HRH (Her Royal Highness) im Lkw 1945. Ihre Königliche Hoheit fühlt sich sichtlich wohl im Führerstand des Armeelastwagens, natürlich einer mit Rechtssteuerung für den englischen Linksverkehr.

Rechte Seite oben: Schwierig, aber lehrreich findet Prinzessin Elisabeth (vordere Reihe links) das Kartenstudium für die zu absolvierenden Fahrten im Rahmen des weiblichen Hilfsdienstes ATS (Auxiliary Territorial Service) der Streitkräfte.

Rechte Seite unten: Fröhlich mit den Kameradinnen. Elisabeth (oberste Reihe Mitte) auf einem Gruppenfoto ihrer Hilfsdienst-Einheit.

Diese Seite: Nach Ende des Krieges, als der Schutz der dicken Mauern von Schloss Windsor nicht mehr nötig ist, bezieht die Königliche Familie wieder die Royal Lodge im großen Gelände knapp fünf Kilometer südlich des Schlosses. Der Park ist hier besonders urtümlich und bietet den Prinzessinnen sogar kleine Klettermöglichkeiten (Foto Juli 1946).

Rechte Seite oben: Aus der gleichen Fotoserie wie das Bild oben stammt die Aufnahme der Königin mit ihren einander so erstaunlich ähnlichen Töchtern. Sie ruhen auf dem Rasenplatz vor der Royal Lodge aus. Vor Elisabeth im Korbrollstuhl (links) natürlich wieder einer ihrer Corgis.

Rechte Seite unten: 1946 heiratet Elisabeths zwei Jahre ältere Freundin Patricia Mountbatten John Knatchbull, 7. Baron Brabourne, in Anwesenheit von König Georg VI. (3. Reihe, 3. von rechts) und der Kronprinzessin (vordere Reihe ganz rechts). Foto auf dem Landgut Broadlands von Patricias Vater Lord Louis Mountbatten.

Linke Seite: Im Sommer 1947 gibt der Hof die Verlobung von Philip Mountbatten und Kronprinzessin Elisabeth bekannt, die sich Arm in Arm mit strahlendem Lächeln vor dem Buckingham Palast den Fotografen zeigen.

Diese Seite oben: Nach Jahren der Kriegsmeldungen schwelgen die Zeitungen und Zeitschriften (Titel einer Sonderausgabe der „Illustrated London News") in Farbe von der Hochzeit der Kronprinzessin mit dem frisch zum Herzog von Edinburgh ernannten Marine-Offizier Philip.

Diese Seite unten: Und dann die Hochzeit am 20. November 1947. Auf dem offiziellen Foto zeigt sich, wie zahlreich die nähere Verwandtschaft von Braut und Bräutigam ist. Und alles hofft, dass die Hochzeiter sie in Bälde noch deutlich vermehren werden.

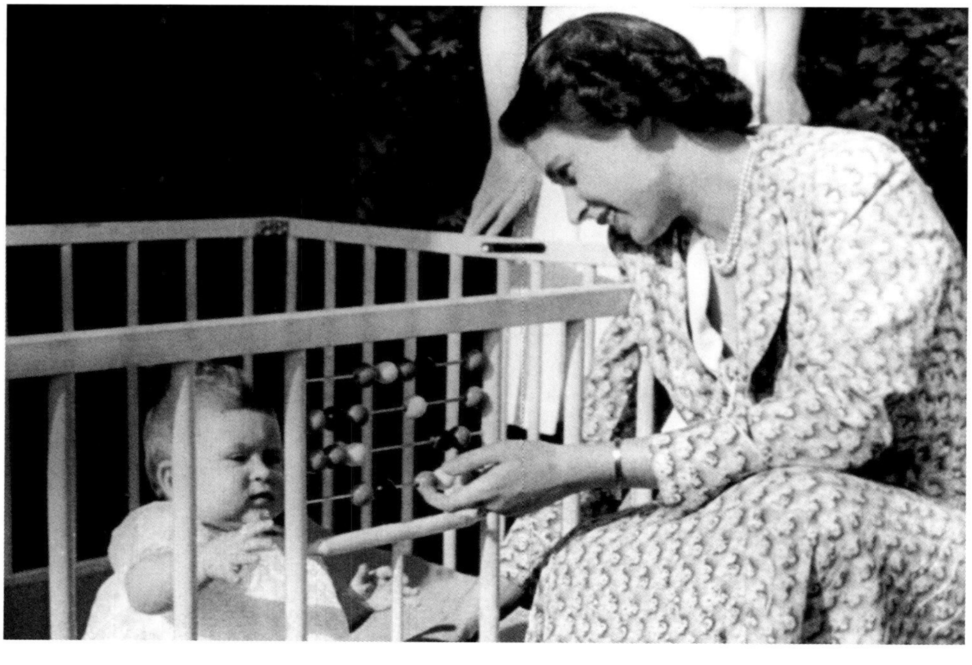

Linke Seite oben: Doktorhut für die Thronfolgerin. Prinz Philip, nicht nur Herzog von Edinburgh, sondern auch Kanzler der Universität von Wales in Bangor, schreitet am 2. Mai 1949 mit Schleppenträger seiner Frau voran nach der feierlichen Verleihung des Ehrendoktortitels für Musik an sie.

Linke Seite unten: Elisabeth mit ihrem acht Monate alten Söhnchen Charles im Juli 1949 im Garten ihres bescheidenen Landsitzes Windlesham Moor in der Grafschaft Surrey.

Diese Seite: Farb-Sinfonie – dunkelblau die Marineuniform von Prinz Philip, mittelblau das Mittelmeer, hellblau Her Royal Highness Elisabeth und der Himmel. Die Thronfolgerin genoss die sonnigen Tage auf Malta im Jahr 1949 mit ihrem Mann in vollen Zügen.

Linke Seite oben: Prinz Charles, seine königliche Großmutter, seine Tante Prinzessin Margaret, sein Vater Prinz Philip, sein Großvater Georg VI., seine Mutter Kronprinzessin Elisabeth und seine einjährige Schwester Anne im Park von Schloss Balmoral im Sommer 1951.

Linke Seite unten links: Besorgt beobachtet Königin Elisabeth im Frühjahr 1953 den kleinen Prinz Charles, der sich als Fassadenkletterer an den Mauern von Schloss Balmoral versucht.

Linke Seiten unten rechts: Wenn der Vorname des Vaters schon übersetzt „Pferdefreund" heißt und die Mutter eine Pferdekennerin ist, dann kann der töchterliche Apfel nicht weit vom Stamm fallen: Prinzessin Anne mit Mum und Pony auf Balmoral im September 1955.

Diese Seite: Antreten zum Ablichten mit den Eignern. Mannschaften und Offiziere der königlichen Jacht „Britannia" posieren im Mai 1954 mit der Familie der Königin (unterste Reihe Mitte) auf ihrem Schiff für die Fotografen.

Fels im politischen Wildwasser

Der Zweite Weltkrieg hatte die Welt radikal verändert und die britische in besonderer Weise. Zwar gehörte Großbritannien zu den Siegermächten und zu den „Großen Drei“ neben den USA und der Sowjetunion, doch in Wirklichkeit war das Vereinigte Königreich (United Kingdom), so die offizielle Bezeichnung des Landes, allenfalls noch der Juniorpartner der Vereinigten Staaten (USA), die westliche der beiden verbliebenen Weltmächte. Deren Miteinander hatte den Sieg gebracht, und deren Gegeneinander rückte danach den erhofften Frieden in weite Ferne. Fast übergangslos war der heiße in den Kalten Krieg zwischen Ost und West umgeschlagen, der zum Epochenbegriff für die nächsten Jahrzehnte werden sollte.

Der machtpolitische Abstieg Englands manifestierte sich nicht nur militärisch, sondern vor allem in einem sich beschleunigenden Erosionsprozess des Empire. Kolonien in aller Welt strebten nach Unabhängigkeit, und zum entscheidenden Aufbruchssignal für sie war die Lösung Indiens und Pakistans aus der britischen Vormundschaft am 15. August 1947 geworden. Damit verlor das englische Staatsoberhaupt den Titel „Kaiser von Indien“, den „wertvollsten Edelstein der Krone“. Georg VI. empfand sich zwar weiterhin als König der schwindenden Zahl der Kronkolonien, die ja wegen dieser direkten Unterstellung so hießen, doch war absehbar, dass die Beziehungen auch zu ihnen bald neu zu regeln sein würden. Der Thronwechsel bot dann willkommene Gelegenheit, die Nachfolgerin nunmehr weit nüchterner als Königin auch der Überseeterritorien zu bezeichnen.

Als Elisabeth und Philip geheiratet haben, existierte das Fürstentum Hyderabad in Indien noch. Der dort bis 1948/49 herrschende Nisam schenkte der damaligen Thronfolgerin das kostbare Collier, das sie nun (Januar 1954) als Königin gern trägt. Es harmoniert mit dem Diadem, ebenfalls ein Hochzeitsgeschenk: von der kürzlich (März 1953) verstorbenen Großmutter Maria von Teck, Witwe König Georgs V.

An die Stelle unmittelbarer britischer Herrschaft mussten schon der Schwäche des Mutterlands wegen andere Bindungen treten. Das British Commonwealth of Nations (Gemeinwesen der Völker) büßte die Nationalitätsbezeichnung ein und sollte künftig als freiwilliger Bund ehemals abhängiger Gebiete und nun souveräner Staaten die auseinanderstrebende Familie, so gut es gehen wollte, zusammenhalten. Die Königin „regiert" das Commonwealth nicht mehr, sondern personifiziert es nur noch. Eingeschlossen sind dabei auch Republiken wie Indien. In anderen Ländern des Bundes galt und gilt sie sogar weiterhin als direktes Staatsoberhaupt.

Wie teuer der Sieg im Weltkrieg Großbritannien zu stehen gekommen war, merkten die Bürger schmerzlich an Versorgungsengpässen. Länger noch als im zertrümmerten Deutschland, jedenfalls in seinem westlichen Teil, mussten Lebensmittel, Kleidung und Brennstoffe rationiert werden. Wohnraum war knapp und entsprechend teuer, die Arbeitslosigkeit stieg bedrohlich, nicht zuletzt durch den Abbau der Streitkräfte und den Zustrom von Menschen aus den Kolonien, und auch die Steuern kannten nur eine Richtung: nach oben. Der von der 1945 ins Amt gekommenen Labour-Regierung entschlossen aufgebaute Sozialstaat war nur durch harte Umverteilung zu finanzieren. Sie war allerdings ohne Alternative, sollte der innere Frieden nicht mutwillig aufs Spiel gesetzt werden.

In dieser Lage wurde die Thronbesteigung durch eine Lichtgestalt wie die junge Elisabeth zu einem weithin strahlenden Hoffnungsschimmer. Dass die Königin in der konstitutionellen Monarchie eigentlich nicht viel mehr war als Dekor, nahmen die Engländer kaum zur Kenntnis. War nicht auch Elisabeth I. fast im gleichen zarten Alter auf den Thron gekommen? Und hatte diese Namensvorgängerin das Land nicht aus tiefer Not und konfessioneller Spaltung zu Einheit und

Diese Seite oben: Zahllose Paraden muss Elisabeth II. auf ihrer Commonwealth-Rundreise 1953/54 abnehmen. Eine der beeindruckendsten ist die der Elefanten in Kandy auf Ceylon am 23. April 1954: Die Tiere marschieren in langer Reihe zum sogenannten Zahntempel (Sri Dalada Maligawa), wo ein überdimensionaler Buddha-Backenzahn aufbewahrt wird, der im 4. Jahrhundert auf abenteuerlichem Weg hierher gekommen und seitdem der Insel Segen spenden soll.

Linke Seite oben: Aborigines mit Kopfschmuck in malerischer traditioneller Kleidung bilden das Spalier für Königin Elisabeth II. bei ihrer Ankunft in Cairns im Norden des Bundesstaates Queensland (Australien). Prinz Philip gemäß Protokoll in der zweiten Reihe.

Linke Seite unten: Vor dem Regierungsgebäude in der australischen Hauptstadt Canberra inspiziert Elisabeth II. am 19. Februar 1954 als Staatsoberhaupt des Landes Marinesoldaten aus Papua-Neuguinea, das seit dem Krieg treuhänderisch von Australien verwaltet wird.

Diese Seite: Grüßen, Lächeln, Winken dürfen nicht zur Routine erstarren. Die junge Elisabeth (Ankunft in Neuseeland im Dezember 1953) versteht es, jedem das Gefühl zu geben, dass ihm ganz persönlich Gruß und freundlich-aufmerksame Miene gelten.

Rechte Seite: Aus dem neuseeländischen Auckland überträgt der Rundfunk 1953 ihre zweite Weihnachtsbotschaft als Königin.

Macht geführt? Die Medien wurden nicht müde, ein zweites „Elisabethanisches Zeitalter" ins Grau des Nachkriegalltags zu malen. Ein Blick auf die Väter der beiden Elisabeths hätte genügt, den Nebel der Illusion zu vertreiben: Hier Georg VI. als bescheidener, verfassungstreuer erster Diener seines Volkes, dort Heinrich VIII. als frauenmordender allerhöchster Wüstling der Nation in seiner Allmacht.

Von dieser Allmacht ist nichts mehr geblieben. Welche Kompetenzen hat die Königin überhaupt noch? Längst „herrschen" englische Herrscher nicht mehr, sie repräsentieren nur noch. Das mag wenig erscheinen, ist aber durch die Allgegenwart des Königsbezugs doch ein wichtiger psychologischer Faktor für die gesellschaftliche Bindekraft: Die wirklichen Herrscher, also der Premierminister und sein Kabinett, heißen „Regierung Ihrer Majestät", Verbrecher werden nicht wie bei uns „im Namen des Volkes" eingesperrt, sondern „nach dem Ermessen Ihrer Majestät in Haft gehalten", die Post, die Marine, die Luftwaffe – alles irgendwie Hoheitliche erhält das Etikett „königlich" (Royal). Kein Gesetz tritt ohne Unterschrift der Königin in Kraft.

Natürlich handelt es sich bei all dem um pure Formalität und Symbolik, die darin gipfelt, dass nur die Königin die Sitzungsperioden des Parlaments eröffnen kann, genauer: muss, denn auch das bestimmt letztlich „ihre" Regierung. Und die

Rede bei diesem ausgeklügelten Zeremoniell im Oberhaus (das Unterhaus darf sie nicht betreten), währenddessen sie die Krone und die karminrote Staatsrobe trägt, schreibt ihr ebenfalls das Kabinett, also der Regierungschef, vor. Es handelt sich dabei um die Ankündigung von politischen Vorhaben der kommenden Legislaturperiode.

Nur auf den ersten Blick erstaunlich mutet das Recht der Königin an, das Parlament aufzulösen. Kraft eigener Machtvollkommenheit hat das aber letztmalig Georg III. 1818 verfügt. Seitdem handelt das königliche Staatsoberhaupt in solchen Fällen nur noch auf Weisung oder, wie es offiziell milder heißt, auf Wunsch des Premierministers. Und manchmal wird die Königin überhaupt nicht gefragt: 1975 wurde in Australien, dessen Staatsoberhaupt Elisabeth ebenfalls ist, der mit Mehrheit regierende Premier Whitlam vom Generalgouverneur „im Namen der Königin" entlassen. Besagte Königin schlief zu diesem Zeitpunkt tief und fest in ihrem Londoner Palast. Anlass des höchst seltenen Vorgangs war die Tatsache, dass die Regierung ihren Haushaltsplan in beiden Kammern des Parlaments (Senat und Repräsentantenhaus) nicht durchzubringen vermochte und mithin politische Blockade herrschte.

Weniger theoretisch, aber praktisch auch nie zur Anwendung gekommen, ist das Recht der Königin, die Auflösung des Parlaments zu blockieren. Ist sie der Ansicht, es könne durchaus gedeihlich weiterarbeiten und ein anderer Premier die Geschäfte weiterführen, dann darf sie, genauer: dürfte sie sich dem Auflösungsansinnen des amtierenden Regierungschefs verweigern. Auch wenn sie in Neuwahlen eine Gefahr für die politische oder wirtschaftliche Stabilität des Landes sieht, könnte sie zu diesem Mittel greifen.

In Wirklichkeit aber beschränkt sich ihr Spielraum auf das Recht zu beraten und beraten zu werden. Sie studiert täglich kistenweise

Regierungsdokumente und Stellungnahmen der Behörden. Alle ihre bisherigen dreizehn Premierminister von Churchill bis Cameron haben sie einmal wöchentlich – meistens am Dienstagabend – aufgesucht und ihr Bericht erstattet. Schon diese zahlenmäßige Asymmetrie zeigt, welch enorme Erfahrungen die Königin hat ansammeln können; sie ist der Fels im politischen Wildwasser. Den vergleichsweise häufig wechselnden Bewohnern von Downing Street No. 10, dem Sitz des Premiers, gilt die Beratung durch die Queen längst nicht mehr als lästige Pflicht, sondern als Quell bedenkenswerter Vorschläge und Einwände.

Repräsentieren bedeutet natürlich auch die Darstellung des Landes nach außen. Dabei betreibt die Königin nicht Außenpolitik im engeren Sinn, doch knüpft und pflegt sie auf höchster Ebene Kontakte, die den Außenpolitikern oft von erheblichem Nutzen sind. Sie reist entweder selbst (nahezu immer in Begleitung ihres Mannes) oder lädt andere Staatsoberhäupter und Regierungschefs zu sich ein. Die Beliebtheit des britischen Königshauses in aller Welt ist ein Pfund, mit dem die Amtsinhaberin geschickt zu wuchern versteht durch Freundlichkeit und Würde, ja Hoheit, nach der sich so viele Menschen sehnen im sonst eher als laut, frustrierend, ja schmutzig empfundenen politischen Getriebe.

Es ist unmöglich, alle Reisen oder gar alle hohen und höchsten Besucher der Königin aufzuzählen. Es genügt, dass man sie als das Staatsoberhaupt kennt, das weiter herumgekommen ist als alle bisherigen, weiter noch als der „eilige Vater" Johannes Paul II. mit seinen 104 Missionsreisen in alle Welt. Das hat zum einen mit der modernen Luftfahrt und zum anderen natürlich mit der enormen Dauer ihrer Amtszeit zu tun. Eine wichtige Rolle spielt auch ihr ausgeprägtes Gefühl für ihre Amtspflichten, das Müdigkeit nicht kennt und immer Vorrang hat vor etwaigen privaten Wünschen. Gerade Elisabeth, die sich in fremder Gesellschaft fast noch weniger wohlfühlt, als das bei ihrem scheuen Vater der Fall war, zwingt sich zu den ungeliebten Auftritten im Interesse ihres Landes und Volkes. Gleich zu Beginn ihrer Regentschaft hatte sie Gelegenheit, ihre stupende Kondition auf diesem Gebiet unter Beweis zu stellen; diese erste Reise mag stellvertretend stehen für die Unzahl der folgenden:

Wenige Monate nach der Krönung 1953 holte

Diese Seite: Elisabeth II. mit Prinz Charles und Prinzessin Anne am Weihnachtstag 1954 auf dem Waterloo Bahnhof. Die Königin plaudert mit ihrem Premierminister Churchill, während sie gemeinsam auf den Zug warten, der Queen Mum nach einer Amerika-Reise nach London zurückbringt.

Linke Seite: Auch 1957 überträgt die BBC die Weihnachtsansprache der Queen im Rundfunk, dieses Mal aus Schloss Sandringham in Norfolk; auch das Fernsehen darf ein paar Bilder von der gemütlichen Bibliothek und vom mit Familienbildern geschmückten Schreibtisch senden.

Elisabeth II. die vor gut anderthalb Jahren abgebrochene Besuchstour in die Commonwealth-Länder endlich nach. Wohin sie und ihr Prinzgemahl (Prince Consort) kamen, schlug ihnen Begeisterung entgegen. Die junge Frau mit dem imponierenden Mann an ihrer Seite symbolisierte für viele einen hoffnungsvollen Neuanfang, sowohl politisch als auch was den Umgang zwischen Mutterland und seinen mündig gewordenen früheren Besitzungen anging. Über hundert Reden hatte Elisabeth auf dieser globalen Reise zu halten, an unzähligen Banketten musste sie teilnehmen, noch mehr Empfänge waren zu absolvieren und viele Stunden lang Paraden abzunehmen. Ein Programm wie für einen Langstreckenläufer.

Da traf es sich günstig, dass endlich die noch vor dem Krieg in Planung genommene königliche Jacht „Britannia“ (siehe Kasten S. 76) gerade fertig geworden war. Auf ihr legte das allerhöchste Paar den letzten Teil der ersten langen Dienstfahrt zurück, die erstmals ein gekröntes Haupt rund um den Erdball führte. Das komfortable Schiff bot zwischen den Besuchstationen willkommene Erholung und Atempausen zur Vorbereitung auf die nächsten Gastgeber, ihre Besonderheiten, Wünsche und Sorgen. Schließlich näherte man sich nach einem halben Jahr wieder der Heimat, die mit Ungeduld auf die Rückkehr der Königin gewartet hatte. Premierminister Churchill ließ es sich nicht nehmen, der königlichen Jacht entgegenzufahren und ihr auf dem letzten Teilstück eine beeindruckende Kriegsschiff-Eskorte zu verpassen.

„Britannia"

Mit 5769 BRT, 126 Metern Länge und 236 Mann Besatzung war die HMY (Her Majesty's Yacht) „Britannia" schon so etwas wie ein kleiner Ozeanriese. Sie ersetzte die „Victoria and Albert III", die bei Beginn des Krieges außer Dienst gestellt worden war. Nach dem Stapellauf und der Taufe durch Elisabeth II. im Frühjahr 1953 nahm die „Britannia" im Januar 1954 ihren Dienst auf, indem sie das königliche Paar für den Rest seiner Weltreise, die im November zuvor begonnen hatte, an Bord nahm und schließlich heimbrachte. Die Wohnung der Queen befand sich auf dem Oberdeck und bot neben zwei Schlafzimmern je zwei Büro- und Wohnräume sowie eine Veranda mit Sonnendeck. Im darunter gelegenen Hauptdeck waren Speise-, Empfangs- und eigentlicher Wohnraum der reisenden Royals untergebracht; der Zuschnitt war durch bewegliche Wände je nach Bedarf änderbar. Personal und Wachen der Royal Navy hausten ein Deck tiefer. Angetrieben von 12 000-PS-Maschinen, erreichte das Schiff eine Spitzengeschwindigkeit von 23 Knoten (42 Stundenkilometern). Nach knapp 700 Besuchen im Ausland und einer Fahrstrecke von gut zwei Millionen Kilometern wurde die „Britannia" 1997 außer Dienst gestellt und liegt heute als Museum ihrer selbst im Hafen von Leith bei Edinburgh.

Oben: Dicht gedrängt stehen die Menschen am 15. Mai 1954 am Ufer der Themse hinter den Gardisten mit den Bärenfellmützen und begrüßen auf der Höhe der Tower Bridge die königliche Jacht „Britannia" bei der Rückkehr von ihrer Jungfernfahrt mit der Königsfamilie. Die Kinder Charles und Anne sind erst in Gibraltar zugestiegen.

Mitte: Anheimelnd-bequem haben es die Royals in den Wohnzimmern ihrer Jacht.

Unten: Die Reisen gehen zu Ende. Das Foto zeigt die „Britannia" im August 1996, ein gutes Jahr bevor sie außer Dienst gestellt wird. Eine neue königliche Jacht wird es aus Kostengründen nicht geben.

Ihre Kinder hatte Elisabeth schon in Gibraltar wiedergesehen. Doch im weiter zu absolvierenden offiziellen Programm war für intensivere Herzlichkeiten nicht der richtige Raum. Den boten erst wieder die eigenen vier Wände, wenn man den riesigen Buckingham Palast so nennen will. Dass es bei Hofe durchaus auch normal menschelte, daraus mochte Elisabeth kein Geheimnis machen. Obschon sie zudringliche Journalisten zu bremsen suchte, sah sie in dosierter Offenheit das beste Rezept gegen allzu wilde Spekulationen der Regenbogenpresse. Der „Fall" ihrer Schwester Margaret wurde zu einem ersten größeren Prüfstein für den Umgang mit der Neugier der Öffentlichkeit, wenn es um die allerhöchste Familie ging:

Das hatte wohl nicht gut gehen können, obwohl es zunächst durchaus so ausgesehen haben mag: Als am 6. Mai 1960 wieder einmal die Glocken der Westminster Abtei zu einer Trauung in den höchsten Kreisen riefen, schritt eine bezaubernde Braut zum Altar, so reizend, dass ihre Schwester Elisabeth II. in all ihrer Königlichkeit nicht mithalten konnte. Margaret Rose beherrschte einen glücklichen Moment lang die Szene an der Seite ihres Auserwählten Antony Armstrong-Jones, eines Fotokünstlers, den die Queen kurz zuvor zum Earl of Snowdon erhoben hatte.

Jeder wusste und weiß heute genauer denn je, dass Antony nur zweite Wahl war, ja fast so etwas wie eine Trotzreaktion der Prinzessin. Im Dezember 1959 hatte Peter Townsend (1914–1995), Margarets ewiger Geliebter und zeitweiliger Reisebegleiter, eine belgische Industriellentochter geheiratet und damit Margarets offenbar nie ganz erloschenen Hoffnungen erstickt. Sie hatte zwar schon 1955 deutlich gemacht, dass sie zum Verzicht bereit war, doch der Rauch der Gerüchte wollte sich einfach nicht verziehen und signalisierte, dass da doch noch Feuer war. Das erlosch erst jetzt endgültig. Hinter der Genehmigung des Hofes zur Ehe mit Armstrong-Jones steckte denn auch ein gerüttelt Maß an schlechtem Gewissen, dass man der Prinzessin fast gewaltsam die Liebe zum schönen geschiedenen Fliegeroffizier aus dem Herzen gerissen hatte.

Ein Schnappschuss aus dem April 1947: Peter Townsend und die 16-jährige Prinzessin Margaret bei der Besichtigung einer Diamantmine in Kimberley während der Südafrika-Reise der königlichen Familie. Der 32-jährige Fliegeroffizier Townsend begleitet sie in seiner Funktion als Stallmeister (seit 1944). Wann sich zwischen ihm und der Prinzessin zarte Bande gebildet haben, bleibt geheim. Sie zerreißen schließlich an der Tatsache, dass sich Townsend 1952 scheiden lässt und damit in den Augen der feinen Gesellschaft und der britischen Regierung nicht ins Königshaus passt. Margaret kapituliert schließlich vor den Vorurteilen.

Diese Seite: Reißenden Absatz finden die Londoner Zeitungen am 31 . Oktober 1955 mit der Meldung, dass Prinzessin Margaret ihren langjährigen Schwarm Peter Townsend nun doch nicht heiraten wird. In der Beurteilung scheiden sich die Geister: Die einen äußern Mitleid, andere freuen sich über das Scheitern des „unschicklichen Verhältnisses".

Rechte Seite: Es scheint, als könne sie am 6. Mai 1960 gar nicht schnell genug unter die Haube kommen. Margaret Rose eilt im kostbaren Hochzeitskleid zur Trauung in Westminster Abbey an der Hand ihres künftigen Mannes Antony Armstrong-Jones. Der renommierte Lichtbildkünstler hätte den Moment selbst nicht besser einfangen können.

Nach der Geburt von zwei Kindern 1961 und 1964 aber schien es so, als sei doch ein kleines Glück ins Leben von Margaret und ihrem Antony eingezogen, zwar nur ein Second-Hand-Glück sozusagen, aber immerhin. Leider hat selbst dieser Schein letztlich getrogen. Nach wenigen Jahren gingen die Partner eigene Wege. 1976 trennten sie sich, auf Probe hieß es zunächst, doch dann scheiterte diese, wenn es denn je eine war. Am 24. Mai 1978 lösten Richter in London die nicht mehr existente Ehe auf. Es war die erste Scheidung im Königshaus seit dem berüchtigten König Heinrich VIII. im 16. Jahrhundert.

Richtig interessant fürs Publikum aber wurde es immer dann, wenn die Familienmitglieder Elisabeths oder noch besser sie selbst ins Visier gerieten. Von den Gerüchten über mögliche Affären des Prinzgemahls war schon die Rede. Sie erhielten neue Nahrung durch einen Konflikt, der durch den Prinzenonkel Mountbatten an die Öffentlichkeit drang: Er hatte schon bald nach dem Thronwechsel eine Feier anberaumt, weil ja nun nach Tradition und Recht die britische Dynastie seinen Namen bekommen würde, den nämlich bestimme ja der Ehemann.

So war es bei Viktoria 1840, als das Haus Hannover durch Prinzgemahl Albert zum Haus Sachsen-Coburg-Gotha wurde. Den Namen hatte man dann wegen des Krieges gegen Deutschland 1917 in Windsor geändert, und das machte die Sache jetzt delikat. Mountbatten – das war doch eigentlich auch deutsch, nämlich Battenberg?

Hier hatten die Familie, allen voran die Königingroßmutter Maria und „Queen Mum", die energische Mutter Elisabeths, und die Politik ein gewichtiges Wort mitzureden. Und keiner, vom Premier Churchill trotz seiner Freundschaft mit Mountbatten bis zu Elisabeth selbst, wollte am vom Großvater Georg V. gewählten Namen rütteln lassen. Die Königin entschied schließlich zur Erbitterung ihres sonst so dominanten Mannes, dass es beim Königshaus Windsor zu bleiben habe. Philip machte kein Hehl aus seiner Enttäuschung und klagte, er sei wohl der einzige Mann im Königreich, der seinen Kindern nicht seinen Namen geben dürfe. Ob er sich für den als despotisch empfundenen Beschluss amourös gerächt hatte? Beweise freilich wie stets: Fehlanzeige.

Das frustrierte, weswegen das Gerücht nachgeschoben wurde, der nach zehn Jahren Geburtspause 1960 zur Welt gekommene Prinz Andrew sei gar nicht Philips Sohn. Wer Skandal um jeden Preis will, der hält daran offenbar auch gegen jeden Augenschein fest und gegen jede psychologische Plausibilität: Elisabeth als Fremdgängerin? Da verstummen selbst abgebrühte Klatschmäuler. Außerdem: Just 1960 genehmigte die Königin dann doch die Erweiterung des Fami-

liennamens ihrer Nachkommen in Mountbatten-Windsor; der Dynastiename allerdings lautet unverändert Windsor.

Erster gebürtiger Mountbatten-Windsor wurde dann Prinz Edward, der 1964 als viertes Königskind geboren wurde. Damit war die königliche Familie nach 17 Ehejahren komplett und zugleich wie zweigeteilt, denn die Zäsur zwischen den „alten“ Kindern und den beiden Nachkömmlingen war doch recht deutlich. Während die kleinen Buben einen Niedlichkeitsbonus hatten, von dem Spätlinge so oft profitieren, bereiteten Thronfolger Charles und – natürlich in weit geringerem Maße – seine Schwester Anne bereits Sorgen hinsichtlich Ausbildung und Stellung.

Charles besuchte Schulen wie andere Engländer auch; er sollte nach dem Willen der Eltern Bodenhaftung bekommen. Als Zwölfjähriger kam er nach Gordonstoun in das Internat, das auch der Vater besucht hatte. Der aber hatte sich dort sichtlich wohlgefühlt, während der Sohn eher unter den Anforderungen, der Einsamkeit und der Trennung von der Familie litt. Charles war ein weit sensiblerer und weniger handfester Charakter, als Prinz Philip es gewesen war. Dennoch erwarb er sich hier wichtige Kenntnisse in seinen

Diese Seite: Ein zweiter Anfang. Nach einem Jahrzehnt Kinderpause hat Königin Elisabeth II. am 19. Februar 1960 ihren zweiten Sohn Andrew zur Welt gebracht, die er im Spätsommer desselben Jahres aus dem eleganten Kinderwagen heraus ernst bestaunt. Die Eltern, der fast zwölfjährige Bruder Charles und die zehnjährige Schwester Anne freuen sich über den kleinen Prinzen.

Rechte Seite: Aus Anlass des 60. Geburtstags 2008 freigegebene Aufnahme von Prinz Charles am 27. Juli 1958 beim Weg in die Cheam School in Berkshire, einer Vorbereitungsschule (Preparatory School) mit langer ehrwürdiger Tradition (gegründet 1645).

Lieblingsfächern Musik und Kunst. Charles hat später selbst über seine Schulzeit berichtet und dabei manches Kritische zur Entscheidung seiner Eltern, vornehmlich seines Vaters, angemerkt. Elisabeth hatte aufgrund ihrer Rolle wenig Möglichkeiten, selbst die Erziehung in die Hand zu nehmen, was sie später offenbar ein wenig bereut hat; um ihre „zweite Familie“, wie sie die beiden Kleinen manchmal nannte, kümmerte sie sich jedenfalls intensiver.

Das lag natürlich auch daran, dass sie nach einem Jahrzehnt als Staatsoberhaupt ihre Amtspflichten routinierter erledigte. Hinzu kam die größere Reife und die Tatsache, dass auf Charles

erheblich höhere Anforderungen zukamen, als auf seine Geschwister. Schon Mitte 1959 ernannte sie ihn traditionsgemäß als Thronfolger zum 21. Prince (Fürsten) of Wales. Diese Formalität erregte zunächst nur wenig Aufmerksamkeit. Als aber zehn Jahre später der mündig gewordene Charles feierlich im mächtigen nordwalisischen Schloss Caernarfon gekrönt werden sollte, erinnerten sich Nationalisten an die einstige Unabhängigkeit des Landesteils, der im 13. Jahrhundert dem britischen Königreich angegliedert worden war. Es kam zu Protesten, ja sogar zu einigen Sabotageakten.

Charles ging in die Offensive, indem er den Widerstand als durchaus begreiflich bezeichnete und sich bemühte, Kultur und Eigenart der Bevölkerung zu würdigen. Er nahm Unterricht in der schweren walisischen (kymrischen) Sprache, einem noch von sehr vielen Menschen gesprochenen urtümlichen keltischen Idiom, und gelobte, dass er seinen Titel nicht nur formal zu tragen gedenke, sondern die Erhebung als Auftrag begreife, Land und Leuten fördernd zu dienen. Die Zeremonie verlief denn auch ohne Störungen, ja sie brachte dem sonst immer etwas spröden Charles viele Sympathien und großes mütterliches Lob ein.

Allmählich begannen auch Überlegungen, wen der Kronprinz einmal ehelichen würde. Das geschah natürlich höchst diskret, doch ebenso natürlich in der Sorge, er könne eine unangemessene Wahl treffen. Die Sorge war insofern gegenstandslos, als Charles vorerst keinerlei Anstalten machte, initiativ zu werden. Ganz anders seine sportliche Schwester Anne, die es bis zur Military-Europameisterin 1971 und bis in die britische Militarymannschaft für die Olympischen Spiele 1976 brachte. Während dieser Karriere begegnete ihr Leutnant Mark Phillips, Reitlehrer bei den königlichen Gardedragonern. Am 14. November 1973 läuteten die Hochzeitsglocken für das Reiterduo. Ob Anne dem Bruder mit gutem Beispiel vorangehen wollte, der am selben Tag seinen 25. Geburtstag feierte?

Es schien, als habe sich das ideale Paar gefunden. Doch das Beispiel wurde dann doch kein gutes: Zunächst entwickelte sich das eheliche Leben in Gatcombe Park, dem Wohnsitz der Prinzessin, offenbar einigermaßen gedeihlich. Zwei Kinder wurden geboren. Doch weder sie noch die gemeinsame Pferdeleidenschaft konnten die Erosion der Beziehung auf Dauer verhindern. Die Krise verstärkte sich noch durch Affären des Ehemanns. 1985 wurde ihm von einer Freundin in Neuseeland eine uneheliche Tochter geboren. Im Frühjahr 1992 hatte dann wie schon bei Annes Tante Margaret der Scheidungsrichter zum zweiten Mal in der königlichen Familie das letzte Wort.

All diese Wirren aber lagen noch in weiter Ferne, als Elisabeth 1977 ihr silbernes Thronjubiläum beging. Sie konnte auf eine Zeit zurückblicken, in der sie das Werk ihres Vaters fortgesetzt und das Ansehen des Königshauses deutlich gestärkt hatte. Nur eine kleine Minderheit der Briten dachte ernsthaft über eine Abschaffung der Monarchie und eine rein republikanische Verfassung nach. Die überwältigende Mehrheit des Volkes dagegen mochte die Integrationskraft der Krone nicht missen und sah die Erholung von Krieg und Not auch als ihr Verdienst an.

Diese Seite: Königliches Nesthäkchen – Elisabeth II. mit ihrem am 10. März 1964 geborenen jüngsten Sohn Edward. Der Dreimonatsbub macht schon fast so große Augen wie die Mutter.

Rechte Seite: Krönung von Thronfolger Charles durch seine Mutter zum Fürsten (Prince) von Wales am 1. Juli 1969 in Caenarfon Castle. Bemerkenswert der Kontrast zwischen der Galauniform des Thronfolgers und der betont schlichten Kleidung der Königin.

Diese Seite oben: Gern besichtigt die königliche Familie in den Sommerferien Land- und Forstwirtschaftsbetriebe, die zum Schloss Balmoral in Schottland gehören. Am 15. September 1957 geht's zu einem Sägewerk. Nachdem die Kinder genug haben vom Kreischen der Gattersägen, lässt sich Vater Philip ein Brett und einen Baumstamm geben und macht daraus eine Wippe für die Kleinen. Mutter Elisabeth und ihr Corgi schauen dem Schaukeln zu.

Diese Seite unten: Dirigenten und eine Solistin. Am 21 . Oktober 1957 gibt Averell Harriman, Gouverneur von New York (vordere Reihe ganz rechts neben Prinz Philip) im Hotel Waldorf Astoria ein Essen für Elisabeth II. Sie allein darf Platz behalten beim Toast, der auf sie ausgebracht wird. Links neben dem einzigen fracklosen Herrn, einem geschmückten Afrikaner, UN-Generalsekretär Dag Hammarskjöld; in der vorderen Reihe ganz links der britische Außenminister Selwyn Lloyd.

Staatsbesuch in den Vereinigten Staaten von Amerika. Am 17. Oktober 1957 empfängt das US-Präsidentenpaar Mamie und Dwight D. Eisenhower das britische Staatsoberhaupt Elisabeth II. (mit Blumen) und ihren Prinzgemahl Philip im Weißen Haus. Solche bei hohen und höchsten Politikern nicht von Arbeitsprogrammen belasteten Besuche haben große atmosphärische und diplomatische Bedeutung.

Diese Seite: Mit der Königin in die Unterwelt. Ein Steiger führt Elisabeth II. am 30. Juni 1958 zur Besichtigung einer Kohlenmine. Sie ist mit weißem Overall, Kopftuch, Helm und Grubenlampe ausgerüstet. Respektvoll lupfen einige Kumpel in Arbeitsklamotten ihre Helme.

Rechte Seite: Elisabeth II. mit ihrer Schwester Margaret am 18. April 1959 in Erwartung der Badminton Horse Trials, einem alljährlich stattfindenden, dreitägigen internationalen Wettbewerb im Vielseitigkeitsreiten. Im Hintergrund Badminton House, der Sitz des Herzogs von Beaufort in Gloucestershire, bei dem Königin und Prinzessin während der Wettkampftage logieren.

Diese Seite oben: Queen Grandma. Mit ihren Enkeln Charles, Anne und Andrew (auf dem Schoß) lässt sich die Königinmutter im Sommer 1960 auf einer Gartenbank ablichten. Auch hier der notorische Corgi, den das fotografische Getue offenbar langweilt.

Diese Seite unten: Die auf Hochadel spezialisierte Zeitschrift „The Tatler" schmückt ein Auto-Themenheft im Oktober 1960 mit Großbritanniens oberster Steuerfrau am Lenkrad. Titel des Blattes sowie Lippenstift, Hut und Kostüm der Fahrerin farblich fein aufeinander abgestimmt.

Rechte Seite oben: Vier Jahre nach dem Besuch bei den Eisenhowers treffen Königin Elisabeth und Prinz Philip 1961 anlässlich einer USA-Reise die neuen obersten Bewohner des Weißen Hauses: Jacqueline und John F. Kennedy.

Rechte Seite unten: Auch in Afrika müssen Queen und Prinzgemahl nicht auf Polsterkomfort verzichten. Bei ihrer Staatsvisite in Gambia 1961 platzieren die Gastgeber die hohen Besucher auf einem für Philip etwas zu niedrigen Sofa im Freien.

Linke Seite: Großer elftägiger Staatsbesuch von Königin Elisabeth II. und ihrem Mann Philip, dem Herzog von Edinburgh, im Mai 1965 beim früheren deutschen Feind, der in zwanzig Friedensjahren zu einem wichtigen Partner auch Großbritanniens geworden ist. Auf dem Programm steht auf Wunsch beider Seiten West-Berlin, wo sich die Queen im Schöneberger Rathaus ins Goldene Buch der Stadt einträgt

Diese Seite oben: Pilzköpfe ganz brav. Die „Beatles“ (von links Ringo Starr, John Lennon, Paul McCartney und George Harrison) als MBE (Members of the Order of the British Empire) 1965 mit ihren Urkunden, die ihnen Elisabeth II. soeben überreicht hat. Erfolg adelt.

Diese Seite unten: Bobby Moore, Kapitän der britischen Fußballnationalmannschaft, nimmt am 30. Juli 1966 aus den Händen von Königin Elisabeth II. den Weltmeis-terpokal entgegen. Seine Elf hat die Deutschen um Uwe Seeler mit 4:2 nach Verlängerung im Londoner Wembley Stadion besiegt. Entscheidend ist das in der 98 Minute durch Geoffrey Hurst (rechts hinter Moore) erzielte 3:2 für England gewesen, über das noch nach Jahrzehnten erbittert diskutiert werden wird.

Linke Seite: Yeomen, das ist ursprünglich die Bezeichnung für freie Bauern (Freisassen), die dem König Truppen zu stellen hatten. Im Verlauf der Zeit bildet sich daraus die königliche Leibgarde (Yeoman of the Guard) aus ehemaligen Offizieren. Elisabeth II. inspiziert hier 1966 ihre Männer in den aus dem 16. Jahrhundert stammenden farbenprächtigen Uniformen. Im Volksmund heißen sie „Beefeater" (Rindfleischesser), was wohl darauf zurückgeht, dass sie in den Anfängen teilweise in Naturalien entlohnt wurden.

Diese Seite oben: Bei dem Moustache-Lächeln unter den buschig bebrauten warmbraunen Augen bekommen die Damen weiche Knie. Sean Connery, besser bekannt als „Bond – James Bond", lässt sich daher schicklichkeitshalber von seiner Ehefrau Diane Cilento (links) zur Königin begleiten, die das Schauspielerpaar am 12. Juni 1967 nach einer Filmpremiere empfängt und entschlossen zurücklächelt.

Diese Seite unten: Elf Monate nach dem Schotten Connery trifft Elisabeth II. am 14. Mai 1968 den walisischen Popsänger Tom Jones (ganz links) und einige seiner Künstlerkollegen (von links: Dusty Springfield, Patrick Wymark, Danny LaRue) nach einer Aufführung im Londoner Palladium-Theater. Jones ist mit dem Titelsong zum James-Bond-Film „Feuerball" (Thunderball) 1965 ein großer Erfolg gelungen.

Linke Seite oben: Die nächste Generation heiratet. Am 14. November 1973, dem 25. Geburtstag ihres Bruders Charles, gibt Prinzessin Anne Captain Mark Philips in Westminster Abbey das Ja-Wort. Auf dem offiziellen Hochzeitsfoto steht links vom Brautpaar die königliche Familie mit (von links) Mutter Elisabeth, Vater Philip, Queen Mum sowie den Brüdern Charles und Andrew.

Linke Seite unten: Der Pferdesport hat Anne mit ihrem Ehemann zusammengebracht. Beide sind brillante Reiter, wie Annes Sprung mit ihrem Pferd „Doublet" 1976 im Training zeigt. Sie ist Mitglied der britischen Military-Olympia-Mannschaft, belegt aber wegen eines unglücklichen Sturzes in Montreal nur den 24. Platz.

Diese Seite: Familienähnlichkeit über die Generationen hinweg. An ihrem 80. Geburtstag am 4. August 1980 strahlt Queen Mum zwischen ihren Töchtern Margaret Rose (links) und Königin Elisabeth II.

Abglanz grosser Zeiten

Obwohl tagtäglich mit Politischem befasst, steht die Königin über den Parteien. Das geht so weit, dass ihr und den Mitgliedern ihrer Familie nicht einmal das Wahlrecht zugestanden wird. Ihrerseits hält Elisabeth so strikt Distanz zum politischen Tagesgeschehen, dass nichts über ihre etwaigen Präferenzen bekannt ist. Viele nehmen an, dass sie als Monarchin und sehr traditionsbewusste Frau eigentlich von Haus aus den Konservativen zuneigen müsste. Es hat sich aber gezeigt, dass sie mit manchem Labour-Premier besser zurecht gekommen ist als mit dem einen oder anderen Regierungschef aus den Reihen der Tories, wie die Konservativen genannt werden. Mit Harold Wilson etwa, ihrem ersten Labour-Gegenüber (Premier 1964–70 und 1974–76), entwickelte sich ein höchst anregendes Miteinander auf der Basis gegenseitigen Respekts.

Wesentlich kühler gestaltete sich offensichtlich die Beziehung zu dessen konservativer Nachnachfolgerin Margaret Thatcher (amtierte 1979–90). Salonpsychologen sahen darin gern weibliche Konkurrenz, andere deuteten den eher förmlichen Umgang der beiden als Folge der Tatsache, dass Thatchers Politik einmal Folgen bis direkt in die engste königliche Familie zeitigte: Als Argentinien im April 1982 nach den britischen Falklandinseln (Malwinen) vor seiner Küste griff, entsandte die „Eiserne Lady“, wie man die entschlossen agierende Premierministerin spätestens seitdem nannte, einen starken Flottenverband der Royal Navy mit Landungstruppen, die mit Waffengewalt den argentinischen Angriff zurückschlagen und den Archipel wieder unter Kontrolle bringen sollten, was bis Juni gelang. Mit dabei Prinz An-

Bankett des amtierenden Premierministers John Major (vorn ganz links) am 27. Juli 1992 zu Ehren der Königin, die ihr 40. Thronjubiläum begeht. Mit dabei Ihr Mann Philip, Sohn Charles und Schwiegertochter Diana (neben Major) sowie die ehemaligen Premierminister James („Jim“) Callaghan (hinten links), Harold Wilson (hinten Mitte), Edward Heath (hinten rechts) sowie Majors Vorgängerin Margaret Thatcher (vorn ganz rechts).

drew: Während der langen Wochen auf See und im Einsatz im Seegebiet bei den umkämpften Inseln hatte er nur ihr Bild vor sich – jetzt stehen sie endlich wieder leibhaftig vor ihm: Die Eltern Elisabeth II. und Prinz Philip begrüßen am 17. September 1982 ihren aus dem Krieg heimkehrenden Sohn Andrew mit sichtlicher Erleichterung. Wie leicht hätte ihn das Schicksal von acht seiner Hubschrauber-Kameraden ereilen können, die vom Feindflug nicht zurückgekehrt sind! Und hätte es ihm auf dem Träger „Invincible" nicht auch ergehen können wie den vielen Soldaten vom Zerstörer „Sheffield", die nach schwerem Treffer verbrannten, in der eiskalten See ertranken oder mit dem Schiff untergingen?

Andrew ist gerade bei diesem schweren Schlag, den die Royal Navy getroffen hat, als Rettungsflieger im Einsatz gewesen, hat Kameraden in letzter Minute retten können, aber auch manchen sterben sehen. Nur knapp ist er selbst argentinischen Exocet-Raketen entgangen und dem Feuer von Bordgeschützen der Jabos. Den Eltern tritt ein gereifter junger Mann entgegen, dessen ernste Miene kaum noch etwas vom einstigen Sonnyboy und Partylöwen erkennen lässt. „Es war eine schreckliche Zeit. Ich möchte das nicht noch einmal erleben", zieht er auf der anschließenden Pressekonferenz Bilanz.

Und doch hat ihm die Erfahrung offenbar nicht geschadet, im Gegenteil: Die Kameraden berichten, dass er als aufgedrehter Clown an Bord

Diese Seite: Der Falklandkrieg liegt hinter ihm, die traumatischen Erlebnisse wird er nicht los: Hubschrauber-Pilot Prinz Andrew (oben) vor seiner Maschine am 19. September 1983 nach einem Übungsflug. Das Sterben seiner Kameraden vom Zerstörer „Sheffield" (unten) nach einem Raketentreffer wird er nie vergessen können.

Rechte Seite: Seit bekannt ist, dass Diana Frances Spencer die Favoritin von Kronprinz Charles ist, lauern ihr auf Schritt und Tritt Fotografen auf, die sich gut verkäufliche Schnappschüsse (beauty shots) versprechen (Foto November 1980).

kam und noch bei der Äquatortaufe auf dem Hinweg der Ausgelassenste von allen war. Das wurde nach der Feuertaufe bei den ersten Flügen mit seinem „Sea King“-Hubschrauber im umkämpften Seegebiet schlagartig anders. Andrew reihte sich ein, lehnte alle Sonderrechte ab, meldete sich zu den gefährlichsten Aufträgen und mauserte sich zum verlässlichen Offizier, zu dem seine Leute aufschauen konnten. Der Krieg hat ihn, den ewigen zweiten hinter seinem zehn Jahre älteren Bruder Charles, zum ganzen Mann gemacht.

Dieser Bruder war nach endlosem Zaudern inzwischen zum Ehemann geworden. Ebenfalls zur Freude der Eltern, doch betraf die eher die Tatsache selbst als die Auserwählte, die mit dem Prinzen den Bund fürs Leben geschlossen hatte. Vor allem Mutter Elisabeth war skeptisch, während Vater Philip den Sohn eher zur Eile gedrängt hatte. Bei solchen Verbindungen ist die sonst so zentrale Glücksfrage ja allenfalls insoweit von Belang, als sie mit der Hoffnung auf baldige Elternschaft verknüpft wird. Für die Betroffenen freilich brauchte es schon eine Portion echter Neigung und nicht bloß die Aussicht auf höchsten gesellschaftlichen Rang bei der jungen Frau oder auf eine möglichst attraktive Zierde an seiner Seite beim Prinzen.

Beides war in reichem Maße gegeben. Die Braut, Lady Diana Spencer, würde sich mit großer Wahrscheinlichkeit eines Tages als englische Königin bezeichnen dürfen. Und Charles hätte sich keine reizendere bessere Hälfte wünschen können. Auch von der Herkunft her, war alles in schönster Ordnung: Diana, ein gutes Dutzend Jahre jünger als der Prinz, war die am 1. Juli 1961 geborene dritte Tochter des Grafen (Earl) Edward John Spencer, dessen Familie ihren Stammbaum auf König Karl II. (1630–1685)

Diese Seite: Ohne mütterlichen Segen hätte Prinz Charles seine Auserwählte nicht heiraten können. Entsprechend entspannt lächeln die drei Hauptpersonen nach der offiziellen Billigung der Verbindung durch die Monarchin am 27. März 1981.

Rechte Seite: Freundinnen oder Rivalinnen? Schon vor der Eheschließung mit Prinz Charles sind Diana und die frühere Freundin des Thronfolgers Camilla Parker-Bowles (rechts) gut miteinander bekannt. Ob die Ratschläge der Älteren zum Umgang mit ihrem nie ganz Verflossenen immer ehrlich gemeint sind, bezweifeln manche, die Camilla die Schuld an den Ehekrisen von Charles und Diana geben.

sowie auf den ersten Herzog von Marlborough zurückführte, einen Vorfahren Churchills (1874–1965), des ersten Premierministers der Königin, mit dem Elisabeth II. ein fast zärtlich-töchterliches Verhältnis verbunden hatte. Als einziger familiärer „Makel" wurde die Tatsache empfunden, dass sich Dianas Eltern 1968 hatten scheiden lassen. „Vorteil" dabei: Diana genoss in den Jahren 1970–78 eine sorgfältige Internats-Ausbildung.

Aber die Neigung? Reichte die Portion? Seitens der Braut darf das unterstellt werden, wenn auch die Blendung durch den royalen Glanz nicht unterbewertet werden sollte. Bei Charles aber gab es nicht nur rein rechnerisch viel mehr Vergangenheit, und zu der gehörte Camilla Shand, seine etwa gleichaltrige Freundin der Jahre 1970–72, eine Verbindung die nie ganz abriss. Wenn sich die Königin Sorgen um ihren Sohn im Zusammenhang mit der Eheschließung machte, dann auch weil sie wusste, wie tief seine Beziehung zu Camilla ging. Dass diese schon 1973 den Offizier Andrew Parker-Bowles geheiratet und ihm zwei Kinder geboren hatte, entschärfte das Problem nicht unbedingt. Im Gegenteil: Charles kamen dadurch der Verlust und die Unreife seiner Verlobten um so schmerzlicher zu Bewusstsein.

Diana hätte von den Risiken einer Ehe mit Charles durchaus etwas erahnen können, denn auch sie war mit Camilla damals gut bekannt. In der knapp ein Jahr währenden Zeit der sich anbahnenden Beziehung zu Charles staunte Diana ein über das andere Mal darüber, wie genau die ältere Freundin

Diesen Kuss der ganzen Welt: Viele hundert Millionen Menschen sehen am 29. Juli 1981 zu, wie das „Traumpaar des Jahrhunderts" auf dem Balkon des Buckingham Palastes das vorausgegangene Ja-Wort mit einem „Lippenbekenntnis" unterstreicht.

über alles informiert war, was sich zwischen den künftigen Brautleuten abspielte. Charles beriet sich offenbar intensiv mit seiner nie ganz Verflossenen, die allerdings keinerlei Anstalten machte, die Verbindung mit Diana zu hintertreiben. Und so wurde denn am 29. Juli 1981 geheiratet. Die Zeremonie in der St. Paul's Kathedrale erlebten die königliche Familie, das Land, ja die ganze Welt – man schätzte 750 Millionen Fernseh-Zuschauer – als die Traumhochzeit des Jahrhunderts.

Das mit dem Ringtausch und dem rauschenden Fest beschworene Glück schien sich denn auch pünktlich einzustellen: Elf Monate nach der Hochzeit brachte Diana am 21. Juni 1982 Prinz William und gut zwei Jahre darauf am 15. September 1984 Prinz Henry, genannt Harry, zur Welt. Die Thronfolge war gesichert. In der Ehe hingegen kriselte es bald. Die Shopping-Mentalität der blutjungen Prinzessin von Wales harmonierte nicht recht mit dem schon gesetzteren, ernsten Lebensstil ihres Mannes, so sahen es jedenfalls Kritiker und wohl auch die Schwiegermutter. Sie bemängelte zudem, dass sich Diana nicht widerspruchslos ins Getriebe bei Hofe einfügte und gelegentlich durchaus eigene Wege ging. Nach außen hin wahrte man freilich die Fassade, schon weil die schöne Diana, auch wegen ihres Einsatzes für behinderte Kinder, immer populärer wurde und in puncto PR eher das Kö-

Der jüngere Bruder macht's dem älteren nach: Fast auf den Tag vier Jahre nach Charles begibt sich Party-Prinz Andrew am 23. Juli 1986 unter die Haube. Die „rote Fergie" hat ihn gebändigt. Aus der offenen Kutsche erwidern beide den Jubel der Zuschauer.

nigshaus von ihr als umgekehrt profitierte. Ganz frei von Eifersucht darauf war Charles wohl nicht.

Herzlich mit Mutter Elisabeth freute er sich dagegen darüber, dass der gereifte Bruder Andrew Abschied vom früheren Partyleben nahm. Randy Andy (übersetzt etwa: der liebestolle Andy), wie er genannt wurde, war von der temperamentvollen 25-jährigen Sarah Ferguson („Fergie") gezähmt worden. Im Juli 1986 heirateten die beiden in der Westminster Abtei, und erneut schien sich ein Traum zu erfüllen. Sarah wurde königliche Hoheit und Herzogin von York und schenkte Prinz Andrew zwei Töchter. Schneller aber noch als bei Charles war der Ehe-Traum aus. Die rothaarige Sarah langweilte sich offenkundig bald und suchte Abwechslung bei anderen Männern. Verfängliche Fotos tauchten in der Presse auf. 1992 gab der Hof die Trennung und 1996 die Scheidung bekannt.

Das aber ist für die Königin nur eine Taschentragödie verglichen mit dem, was sich in derselben Zeit um ihren Thronfolger zusammenbraut: Flucht nach vorn ist eine häufige Strategie, wenn die Bedrängnis zu groß wird. Im Juni 1994 entschließt sich Prinz Charles zu öffentlicher Offenheit, was sein Verhältnis zur Jugendfreundin Camilla Parker-Bowles angeht. In einem Fernsehgespräch räumt er ein, dass die Beziehung wirklich mehr ist als eine Freundschaft. Die vielen Gerüchte stimmen also doch. Camilla und ihr Mann Andrew werden im Jahr nach diesem Bekenntnis geschieden.

Zunächst hat der Prinz mit seiner Ehrlichkeit gepunktet, doch an Telegenität kann er es mit seiner schönen jungen Frau nicht aufnehmen. Sie geht am 20. November 1995 ebenfalls an die Öffentlichkeit. Zwei Stunden laufen die Kameras der BBC, dann ist ein Interview im Kasten, das tiefe Blicke in das Innenleben einer gescheiterten Ehe gewährt. Die Prinzessin gibt zu, dass beide Fehler gemacht haben und gesteht ihre Liebesspiele mit ihrem Reitlehrer James Hewitt: „Ich himmelte ihn an. Ich liebte ihn." Die Sympathien ihrer Landsleute aber sichert sich Diana mit Äußerungen wie: „Ich will keine Scheidung ... Unsere Jungen sind alles, was zählt." Und: „Nein, ich glaube nicht, dass es eine Königin Diana geben wird. Ich möchte Königin im Herzen der Menschen sein." Der Ausspruch soll ihr über den Tod hinaus eben diese Herzen zufliegen lassen.

Bis zu diesem Ende und der schwersten Krise des Königshauses war es nicht mehr weit: 1996 kam es dann doch zur Scheidung von Charles und Diana wegen der Untreue beider Partner, und im Jahr darauf zur Katastrophe. Auf der Flucht vor Paparazzi prallte der Wagen der Fürstin (Princess) von Wales, gesteuert von einem betrunkenen Bekannten, in Paris mit annähernd 200 Stundenkilometern gegen einen Tunnelpfeiler. Dianas Liebhaber Dodi Al-Fayed und der Chauffeur waren sofort tot; die Prinzessin kam noch ins Krankenhaus, wo sie aber am Morgen des 31. Augusts 1997 ihren schweren Verletzungen erlag.

Jetzt erst zeigte sich, welche ungeheure Verehrung die schöne junge Frau genoss. Vor ihrer Wohnung im Kensington Palast breitete sich in kürzester Frist ein Blumenmeer aus, Menschen weinten haltlos vor ihrem Foto mit dem Trauerflor. Die zunächst zurückhaltende Reaktion des Königshauses ließ sich angesichts des Schocks, der ganz England erfasst hatte, nicht durchhalten. Das Land erwartete von der Königin Worte des Trostes, und die konnten in diesem Fall nur solche der Betroffenheit und der ehrlichen Anerkennung für die oft gescholtene Ex-Schwiegertochter sein.

Diese Seite: Prinzessin Diana im Interview. Am 20. November 1995, also ausgerechnet am 48. Hochzeitstag von Elisabeth II. und Prinz Philip, strahlt die BBC die Geständnisse der Ehefrau von Prinz Charles aus. Ihre Offenheit schockiert den Hof.

Rechte Seite: Queen Mum mit Tochter und Schwiegersohn am 11. Juli 2000 nach einem Gottesdienst in der Kathedrale St. Paul's als Auftakt der offiziellen Feierlichkeiten zum 100. Geburtstag der Königinmutter, der am 4. August ansteht; 2500 Gäste werden erwartet, darunter auch gleichaltrige Mitbürger und Mitbürgerinnen. Trotz künstlicher Hüften ist die Jubilarin in erstaunlich guter gesundheitlicher Verfassung.

Bei der in alle Welt übertragenen Trauerfeier am 6. September wehte die Fahne des Buckingham Palastes auf halbmast. Dianas geschiedener Mann Prinz Charles folgte mit den Söhnen William (16) und Harry (13) sowie dem Schwiegervater Prinz Philip dem Sarg in die Westminister Abtei. Dort fand der Bruder Dianas, Earl Charles Spencer, bewegende Worte, richtete aber auch scharfe Kritik an die Adresse der Sensationspresse, die seine Schwester in den Tod gehetzt habe. Ein weiterer Höhepunkt der Abschiedsfeier wurde das Lied, das der Popsänger Elton John eigens auf die Verstorbene geschrieben hatte. Zur Melodie „Candle in Wind“ sang er: „Leb wohl, Rose Englands, mögest du stets in unseren Herzen blühn ... Nun gehörst du zum Himmel, und die Sterne preisen deinen Namen.“

Nach Feiern war Elisabeth II. in dieser Situation sicherlich nicht zumute. Doch der Kalender ist unerbittlich, und, wer weiß, vielleicht bot er sogar Gelegenheit, das kritische Blatt zu wenden, auf dem in der letzten Zeit die Geschehnisse in der allerhöchsten Familie notiert worden waren: Auf dem Hintergrund des Ehedesasters zweier ihrer Söhne erstrahlte das Gold des königlichen Paars selbst um so heller. Am 20. November 1997 jährte sich zum 50. Mal das Datum, an dem Elisabeth und Philip sich das Ja-Wort gegeben und es seitdem in guten wie in schlechten Tagen gehalten hatten. Nach all den Wirren setzte die Goldene Hochzeit einen Kontrapunkt der Dauer und Verlässlichkeit.

Besonders gefreut haben wird Elisabeth, dass Queen Mum, ihre hochbetagte, aber muntere Mutter, das Fest noch erleben konnte. Am 4. August 2000 beging Queen Mum dann ihren hundertsten Geburtstag, und sie war auch noch dabei, als ihre Tochter das 50. Thronjubiläum am 6. Februar 2002 feierte. Die für den Sommer geplanten Festlichkeiten dazu aber erlebte sie nicht mehr. Wenige Tage nach dem nominellen Jubiläum war ihre jüngere Tochter Margaret gestorben (9.2.). Das verwand Queen Mum nicht mehr und folgte ihr nur sieben Wochen darauf am 30. März im 102. Lebensjahr.

Die beiden Todesfälle überschatteten ein wenig das offizielle Fest am 4. Juni 2002, gaben ihm aber zugleich einen wohltuenden Ernst und dämpften unangebrachten schrillen Jubel. Mit einem Dankgottesdienst in der Kathedrale St. Paul's begingen mit der Königin hochrangige Gäste aus aller Welt den so seltenen Jahrestag, während ihre „Untertanen“ auf den Straßen Volksfeste in allen Teilen des Landes veranstalteten. Die Medien überboten sich mit Hymnen auf die Stabilität, die das Land der Monarchin verdanke, und auf die Selbstlosigkeit, mit der die Queen ihr hohes Amt versehe und laut eigener Aussage noch lange zu versehen gedenke. Ruhestand war kein Thema. Als sie in der achtspännigen goldenen Kutsche zur Kirche fuhr, verstummte alle Kritik am Königshaus. Diese Frau mit ihrem Ehemann Philip, Herzog von Edinburgh, an der Seite, hatte sich im vergangenen halben Jahrhundert viel zu große Verdienste erworben, als dass Zweifel an der Monarchie hätten aufkommen können.

Ihr verdankten es die Briten, dass auch lange nach Ende des Empires ein Abglanz der großen Zeiten weiter auf ihrer Insel lag und liegt. Gewiss, das Kolonialimperium war längst zerfallen, und doch fungierte Elisabeth II. weiterhin als Staatsoberhaupt zahlreicher Länder des Commonwealth, darunter so großer und mächtiger wie Kanada oder Australien. Gerade der Fünfte Kontinent hatte am 6. November 1999 ein weiteres Mal bewiesen, dass auch dort die Menschen ihre Queen nicht missen wollten. Eine breite absolute Mehrheit von 55 Prozent der Australier sprach sich gegen eine Umwandlung ihres Staates in eine Republik mit einem gewählten Präsidenten an der Spitze aus. Elisabeths „Reich“ blieb und bleibt weltumspannend, auch wenn 1997 mit der Kronkolonie Hongkong eine weitere Perle aus der Krone gefallen ist (siehe Kasten S. 107).

Hongkong

Britannien beherrschte die Weltmeere und profitierte auch vom Handel mit Opium. Ein wichtiger Umschlagplatz dafür war seit Anfang des 19. Jahrhunderts ein Fischerdorf an der Südküste Chinas, genannt Hongkong, was soviel bedeutet wie „duftender Hafen". Die kaiserliche chinesische Regierung versuchte sich gegen den englischen Einfluss zu wehren, verlor aber 1839–42 den darüber ausbrechenden Opiumkrieg und musste Hongkong an die Briten abtreten. Später kamen weitere Gebiete hinzu, die mit einem auf 99 Jahre befristeten Erbpachtvertrag 1898 die heutige Größe von etwa 1100 Quadratkilometern erreichten. In mehreren Wellen wanderten aufgrund von Wirren oder Pressionen im Heimatland Chinesen ein, sodass die Bevölkerung rasant wuchs von wenigen Tausend zu Beginn der britischen Herrschaft auf schließlich 7 Millionen. Vor allem nach Bildung der Volksrepublik China 1949 wurde das Gebiet mit der Hauptstadt Victoria zu einem Sammelbecken für Flüchtlinge und zu einem Finanz- und Handelsknoten zwischen Rotchina und dem kapitalistischen Westen. Beide Seiten zogen daraus erheblichen Gewinn, weswegen London auf Verlängerung der Pacht hoffte. Das geschah zwar nicht, doch willigte Peking ein, dass Hongkong noch weitere 50 Jahre gesellschaftliche und politische Autonomie genießt nach dem Motto von Deng Xiaoping: „Ein Land, zwei Systeme." Am 1. Juli 1997 übernahm China wieder die Herrschaft über Hongkong, das den Status einer Sonderverwaltungszone erhielt. Für England nahm an den Feierlichkeiten dazu Prinz Charles in Vertretung seiner Mutter teil.

Britische Marinesoldaten nehmen am 16. Juni 1997 das Porträt von Königin Elisabeth von der Wand des Hauptquartiers der britischen Streitkräfte in Hongkong auf der „HMS Tamar", die wie die gesamte Kolonie am 1.7. an China übergeben wird. Das königliche Großbild wird künftig die englische Handelsmission im Sonderwirtschaftsgebiet schmücken.

Buntes Treiben auf den Booten der Fischer und Kleinhändler in der Causeway-Bucht in Hongkong. Die emsige Idylle kontrastiert reizvoll mit der modernen Silhouette der Hochhäuser im Hintergrund. Unter britischer Herrschaft hat sich die Kolonie zu einem der profitabelsten Umschlag- und Finanzplätze der Welt entwickelt. China tritt 1997 ein gut gepflegtes Erbe an.

Geduld und Beharrlichkeit, Disziplin und Augenmaß, Strenge und zugleich Flexibilität sind der Königin in einem Maße gegeben, das manch anderes Mitglied ihrer Familie vermissen lässt. So hat sie alle Stürme, und es gab viele und schwere, überstanden und ist das geworden, was der Erzbischof von Canterbury, George Carey, bei der Jubiläumspredigt rühmte: „Inbegriff der Beständigkeit." Auch Premierminister Tony Blair von der nicht gerade adelsfrommen Labour Party verbeugte sich anerkennend: „Sie haben die Monarchie erfolgreich an die moderne Welt angepasst."

Sie selbst aber hatte sich ebenfalls anpassen und erleben müssen, wie die Werteerosion der letzten Jahrzehnte bis tief in ihre Familie hineinwirkte. Hatte sie das Jahr 1992, als sich gleich zwei ihrer Söhne von ihren Frauen trennten, vornehm klagend als „annus horribilis" (lateinisch: schreckliches Jahr) bezeichnet, so bewies sie bei den folgenden Schicksalsschlägen Haltung, ob beim öffentlichen Druck auf sie anlässlich des tödlichen Unfalls der ehemaligen Schwiegertochter oder beim schweren Abschied von der geliebten Mutter. Sie war Königin geworden, weil ihr Onkel eine geschiedene Frau geheiratet und deswegen gezwungen gewesen war, abzudanken. Jetzt erlebte sie Scheidungen in der eigenen Familie und ermutigte sogar selbst ihren geschiedenen Thronfolger, sich wieder zu verheiraten – mit einer geschiedenen Frau.

Sie hatte es schon bei der Eheschließung mit Diana geahnt, dass Charles seine Camilla nicht würde vergessen können. Und nach dem Tod der „Königin der Herzen" empfing sie die nun im doppelten Sinn alte Flamme ihres Sohnes schon im März 1998, riet aber zu besonnenem Vorgehen der Öffentlichkeit gegenüber. Erst zwei Jahre später zeigten sich Charles und Camilla bei offiziellen Anlässen gemeinsam; bald darauf zogen sie zusammen ins renovierte Clarence House, in dem zuletzt Queen Mum gelebt und ihren Gin genommen hatte. 2005 kündigten sie dann ihre Hochzeit an, nachdem sowohl die beiden Kinder Camillas als auch zum Erstaunen vieler die Prinzen William und Harry, Dianas Söhne, sich einverstanden erklärt hatten.

Das angejahrte Paar verzichtete natürlich auf Pomp und gab sich das Ja-Wort im kleinen Standesamt des Rathauses von Windsor. Camilla erwarb damit die Titel ihres Mannes, auch den einer Princess of Wales, den sie aber mit Rücksicht auf die Gefühle der Diana-Anhänger nicht führen wollte; sie nannte sich fortan Herzogin von Cornwall und ist mit „Königliche Hoheit" anzureden. Kirchlich gab es nur eine Segensspendung, denn die anglikanische Kirche lehnte weiterhin die Trauung von Geschiedenen ab, deren Partner noch leben. Und Camillas erster Mann existierte noch. Die königlichen Eltern des Bräutigams waren der Trau-Zeremonie ferngeblieben und gaben erst nach dem Kirchgang einen Empfang für handverlesene Gäste. Und selbst das Publikum geizte: Nur 15 000 Menschen säumten den Weg vom Rathaus zum Schloss. Sie erlebten zum Lohn ein strahlendes Paar und einen aufgeschlossenen Prinzen, der eifrig Hände schüttelte.

Großfoto der weiteren königlichen Familie nach der Eheschließung von Charles und Camilla, die in der vorderen Reihe das Königspaar umrahmen und ihrerseits an den äußersten Flügeln umrahmt werden von Dianas und Charles' Söhnen William (links) und Henry („Harry"). In der zweiten Reihe ganz links Anne, in der Mitte hinter Prinz Philip Andrew, zweiter rechts davon Edward und außen dessen Frau Sophie, Herzogin von Wessex. Dazwischen und dahinter ist die fernere Verwandtschaft postiert.

Skepsis aber überwog in der öffentlichen Reaktion. Soll Camilla, der Diana den in jedem Sinn bissigen Spitznamen „Rottweiler" gegeben hatte und die für das Scheitern der Ehe des Prinzen verantwortlich gemacht wurde – soll diese Camilla wirklich dereinst Königin werden? Und da niemand recht wusste und weiß, wie sich das verhindern lassen könnte, wenn Charles den Thron dereinst erbt, kam auch gleich dessen Anspruch auf die Krone ins Gerede. Elisabeth II., so hoffen nicht wenige, ist mit ihren demnächst 85 Lebensjahren so vital geblieben, dass sie womöglich ihre Mutter noch an Langlebigkeit übertrifft. Eine Abdankung mag sich niemand vorstellen, solange die Gesundheit mitspielt. Charles wäre dann im Erlebensfall auch längst Mitte achtzig und wohl kaum noch gewillt, die Lasten des Amtes zu tragen.

Also, gleich eine Generation überspringen? Viele sähen weit lieber den jungen, lebensfrohen und doch disziplinierten William mit der Krone als den Vater. Es scheint sogar so, als deuteten manche Äußerungen der Königin ebenfalls in diese Richtung. William, das könnte ein Aufbruchszeichen setzen, während man Charles nur als Zwischenlösung empfände. Vielleicht zieht sich Elisabeth II. zu dieser Bedingung dann, doch in absehbarer Zeit zurück. Zum Beispiel dann, wenn ihr Mann nicht mehr leben sollte, mit dem sie 2007 die diamantene Hochzeit hat feiern können und der im Sommer 2011 sein 90. Lebensjahr vollendet. Er macht aber einen ebenso robusten Eindruck wie die Königin. Warum also sollen sie nicht noch das 60. Thronjubiläum und die Eiserne Hochzeit (65 Ehejahre) gemeinsam begehen können?

Linke Seite oben: Aus der Hand von Königin Elisabeth II. erhält Mutter Teresa, Gründerin der Gemeinschaft der „Missionarinnen der Nächstenliebe" und Friedensnobelpreisträgerin von 1979, im November 1983 einen hohen Verdienstorden. Bei ihrem Indien-Besuch legt die Queen auf diese Begegnung besonderen Wert.

Linke Seite unten: Kirchenfürst und Königin: Papst Johannes Paul II. (im Amt 1978 bis 2005) zu Besuch bei der Hausherrin des Buckingham Palastes Ende Mai 1982, ein Jahr nach dem Attentat auf den Heiligen Vater.

Diese Seite: Zu Gast bei der Rheinarmee. Auf Einladung ihrer Truppen kommt Elisabeth II. im Mai 1984 zu einem Privatbesuch nach Deutschland und besichtigt dabei auch das Truppenübungsgelände des Fliegerhorsts Celle in der Lüneburger Heide, ein unwegsamer Querfeldein-Lauf.

Diese Seite oben: Landesweite Trauer und ohnmächtige Wut herrschen nach dem Absturz einer Maschine der US-Fluggesellschaft Pan Am über dem schottischen Ort Lockerbie am 21. Dezember 1988. Libysche Geheimdienstler haben das Flugzeug in 9400 Metern Höhe gesprengt; alle 243 Passagiere, in der Mehrzahl amerikanische Zivilisten, 16 Besatzungsmitglieder und 11 Bewohner des Ortes, in dem der Tank explodiert ist, haben den Tod gefunden.

Diese Seite unten: Nicht ganz ungetrübt ist die englische Freude am 6. Mai 1994 bei der offiziellen Eröffnung des Kanaltunnels im französischen Coquelles bei Calais durch Frankreichs Staatspräsidenten Mitterrand und Königin Elisabeth II. (hinter ihr Prinz Philip). Ist die britische Insel nun überhaupt noch eine richtige Insel? fragen sich manche bang, die argwöhnen, dass vom Kontinent nur Unerfreuliches kommen kann.

Rechte Seite: Gehöriges Stehvermögen beweist die Königin alljährlich auf ihren Sommerfesten im Garten des Buckingham Palastes (hier 1994). Sie sucht sich nicht alle Gäste selber aus, sondern hat die Auswahl an diverse Organisationen delegiert. Daher muss sie unzählige unbekannte Hände schütteln, nach Herkunft und Beruf fragen und immer gleichbleibend freundlich ein paar Worte wechseln. Neugierig beobachten die bereits Begrüßten den Auftritt der Neuankömmlinge.

Linke Seite oben: Das Königshaus muss Miene machen zum Tod der ungeliebten Diana. Auf dem Weg zur Beisetzung am 6. September 1997 folgen als Haupthinterbliebene dem Sarg in vorderster Reihe (von links) Prinzgemahl Philip, Dianas Sohn William, dessen Onkel Charles Graf Spencer, Dianas Zweitgeborener Henry („Harry") und ihr Ex-Ehemann Prinz Charles. Zigtausende säumen den letzten Weg der „Königin der Herzen".

Linke Seite unten: Die Königin, ganz in Schwarz, erweist schon einen Tag vor der Beisetzung der Verstorbenen ihre Reverenz in einer dreiminütigen Fernsehansprache. Sie nennt Diana eine „außergewöhnliche und begabte Persönlichkeit" und mahnt: „Mögen die Toten in Frieden ruhen, und wir, jeder Einzelne von uns, sollten Gott für jemanden danken, der so viele Menschen glücklich gemacht hat." Welche Bedeutung Elisabeth dieser Rede beimisst, lässt sich an der Tatsache ablesen, dass sie zu einer solchen außerplanmäßigen Medien-Maßnahme erst zum zweiten Mal in ihrer 45-jährigen Amtszeit greift.

Diese Seite: Zum ersten Mal in der Geschichte eröffnet am 18. Juli 2000 ein britisches Staatsoberhaupt eine ausländische Vertretung ihres Landes. Königin Elisabeth steigt die Stufen in „ihrer" Botschaft in Berlin empor, oben erwartet vom Architekten des bemerkenswerten Hauses Michael Wilford und von der Skulptur „Tanzende Säulen" (Dancing Columns). Das Gebäude ist an derselben Stelle errichtet worden, wo schon 1884–1939 der britische Botschafter im Palais Strousberg residierte.

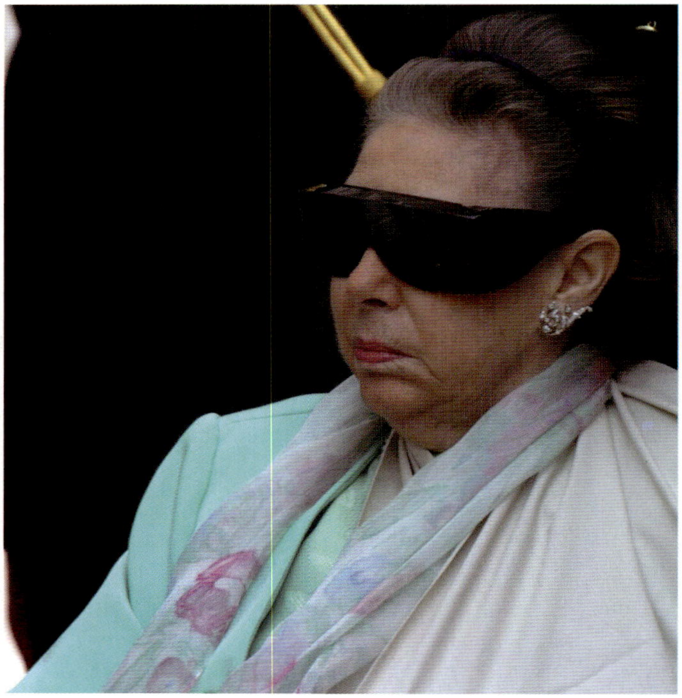

Linke Seite oben rechts und links: „Des Menschen Leben währet siebzig Jahre und, wenn es hoch kommt, so sind es achtzig ..." Queen Mum spottet solchen Weisheiten, selbst wenn es biblische sind. Sie überlebt ihren Mann Georg VI. um ein halbes Jahrhundert. Erst das Leid um die mit 71 Jahren am 9. Februar 2002 verstorbene Tochter Margaret Rose (linke Seite oben links) bricht ihren Lebenswillen. Das Bild zeigt die Prinzessin beim 101. Geburtstag der Mutter 2001, von Krankheit schon schwer gezeichnet. Trauer trägt die Königinmutter in den letzten Wochen ihres langen Lebens, das am 30. März 2002 endet.

Linke Seite unten und diese Seite: Der Schmerz über den Tod der hochbeliebten immer freundlichen alten Dame ist allgemein. In Schloss Windsor bildet sich ein Blumenmeer am Beisetzungsort, das Elisabeth II. und ihr Mann Philip in Begleitung eines Geistlichen betrachten (linke Seite unten). Die Totenwache am aufgebahrten Sarg in Westminster Hall halten die vier männlichen Enkel der Verstorbenen: Charles, Andrew und Edward, die Söhne der Königin, sowie David Linley, Sohn von Prinzessin Margaret (oben, die beiden letzteren nicht auf dem Bild sichtbar).

Links: Elisabeth II. hält eine kurze Begrüßungsrede bei ihrer Ankunft am 27. Februar 2002 im südaustralischen Adelaide und betont die Bedeutung des fünften Kontinents im Kampf gegen den internationalen Terrorismus. Während ihres Staatsbesuchs wird sie am 3. März in der Stadt das Treffen der Regierungschefs der Commonwealth-Länder (CHOGM = Commonwealth Heads of Government Meeting) eröffnen.

Rechts: Am zweiten Tag in Adelaide macht die Königin einen Ausflug ins Barrosa Tal, etwa 70 Kilometer nordöst ich gelegen. Wegen der dort herrschenden Klimabedingungen – milde Winter, heiße Sommer – gedeihen Reben, aus denen sich besonders kräftige, in England sehr beliebte Weine gewinnen lassen. Elisabeth II. muss sich freilich ob ihres dichten Terminkalenders mit einer kleinen Kostprobe begnügen.

Oben: Vier Jahre später hält sich Elisabeth II. erneut in Australien auf, wo sie die alle vier Jahre stattfindenden Commonwealth Spiele eröffnen wird. Zuvor betätigt sie sich selber sportlich, indem sie am 14. März 2006 einen „schwarzen" (sogenannt wegen der dunklen Rinde) Eukalyptus-Baum (eucalyptus stellulata) in den Park des Regierungsgebäudes in Canberra pflanzt. Ihr Mann Philip und der für die Anlagen zuständige Gärtner Norm Dun wachen darüber, dass alles fachgerecht vor sich geht.

Unten: Elisabeth II. als Staatsoberhaupt Australiens mit ihrem Mann am Tag nach der obigen Baumaktion. Sie lauscht einer Rede „ihres" australischen Premierministers John Howard in der Königlichen Ausstellungshalle in Melbourne.

Linke Seite: Von Trauer um Queen Mum und Prinzessin Margaret überschattet, begeht die königliche Familie am 4. Juni 2002 das Goldene Thronjubiläum Elisabeths II. Nach Ende des Dankgottesdienstes, an dem auch Premierminister Blair und andere hochrangige Politiker und Würdenträger teilgenommen haben, verlassen die Royals die Kathedrale St. Paul's: Vorn die Königin mit ihrem Mann Philip, dahinter Kronprinz Charles mit den Söhnen William und Harry, dann Andrew mit seinen Töchtern Beatrice und Eugenie, denen Edward mit Frau Sophie folgt, während Anne und ihr zweiter Mann Tim Laurence mit Annes Kindern aus erster Ehe Zara und Peter Phillips den Schluss bilden.

Diese Seite oben: Ein englisches Großfest ohne Popstars ist nicht denkbar. Und so feiern (von links) Ricky Martin, Sir Paul McCartney und Sir Cliff Richards das Thronjubiläum Elisabeths II. am 3. Juni 2002 mit der hohen Jubilarin, die zu ihnen auf die Bühne gekommen ist, gemeinsam.

Diese Seite unten: In einem sehr ähnlichen Mantel und ebenso heiter fährt Elisabeth II. Probe anlässlich der Einweihung der neuen etwa zehn Kilometer langen S-Bahn-Strecke zwischen Sunderland und Newcastle upon Tyne, wohin sie während einer 15-tägigen Rundreise im Vorfeld der Feierlichkeiten zum 50. Thronjubiläum am 7. Mai 2002 kommt.

Diese Seite oben: Knapp sieben Jahre nach dem Tod Dianas treten die Familien Spencer und Windsor wieder einmal gemeinsam auf. Sie treffen sich bei der Einweihung eines Gedenkbrunnens für die Prinzessin im Hyde Park durch die Königin. Der Fotograf hat es allerdings vornehmlich auf Elisabeth II., ihren Mann, ihren Sohn sowie auf dessen und Dianas Söhne abgesehen.

Diese Seite unten: Das angejahrte Brautpaar Charles und Camilla mit Mutter respektive Schwiegermutter Elisabeth beim Verlassen der St. George's Chapel in Windsor nach der kirchlichen Segnung der Zivilehe des Kronprinzen am 9. April 2005.

Rechte Seite: Souveräne Souveränin – Elisabeth II. kümmern die abschätzigen Blicke nicht, die sie mit ihrer ziemlich rustikalen Aufmachung auf sich zieht: buntes Kopftuch, Regenmantel, klobige Schuhe. Auf der Pferdeschau im windigen Windsor am 14. Mai 2005 schaut sie kritisch zu, wie sich ihr knapp 84-jähriger Mann als Lenker eines Pony-Vierergespanns anstellt.

Diese Seite: Keine Angst vor Ungetümen – Am 11. Juni 2009 eröffnet Elisabeth II. das aufwendig renovierte und erweiterte Panzermuseum in Bovington (Dorset), das größte seiner Art auf der Welt. Umfassend dokumentiert sind vor allem die Kampfwagen der British Royal Armoured Forces (Königlichen Panzertruppen). Vor dem modernen dunkelgrünen Tank nimmt sich die hellgrün gewandete Queen wie Alice aus, die ins Wunderland der Giganten entführt worden ist.

Rechte Seite: Bestens beschützt ist Elisabeth II. am Sonnabend, dem 12. September 2009, in der Garnison Catterick im nördlichen Yorkshire, wo 12000 Mann stationiert sind. Einige von ihnen dürfen zum Gruppenfoto mit Königin antreten, die in der ersten Reihe mit Offizieren sitzt. Sie wird hier sechs Angehörige von im aktiven Dienst für ihr Land umgekommenen Soldaten mit dem von ihr am 1. Juli 2009 gestifteten Elisabeth-Kreuz ehren.

Diese Seite: Anlässlich des Finanzgipfels der Regierungschefs der zwanzig führenden Industriestaaten kommt der neue US-Präsident Barack Obama mit seiner Frau Michelle am 1. April 2009 nach London und wird von Elisabeth II. in den Buckingham Palast eingeladen. Die in die Jahre gekommene Hausherrin und ihr Mann Philip wirken neben den physisch wie politisch großen, gut gelaunten Gästen fast ein wenig verschüchtert und blass.

Rechte Seite: Alljährlich Ende November/Anfang Dezember eröffnet die Königin mit einer Rede im Oberhaus die kommende Sitzungsperiode des britischen Parlaments. Das Bild oben zeigt sie auf dem Weg dorthin durch die königliche Galerie an der Hand ihres Mannes Prinz Philip am 18. November 2009.